女神制造 11

性感女神
不只是瘦

谢黎明 著

NOT ONLY SLIM

青岛出版社
QINGDAO PUBLISHING HOUSE

图书在版编目（CIP）数据

性感女神：不只是瘦 / 谢黎明著. -- 青岛：青岛出版社,2017.7
ISBN 978-7-5552-5276-4

Ⅰ.①性… Ⅱ.①谢… Ⅲ.①健身运动 Ⅳ.①G883

中国版本图书馆CIP数据核字(2017)第163303号

书　　　名	性感女神：不只是瘦
著　　　者	谢黎明
出 版 发 行	青岛出版社
社　　　址	青岛市海尔路182号（266061）
本 社 网 址	http://www.qdpub.com
邮 购 电 话	13335059110　0532-68068026
策　　　划	刘海波
责 任 编 辑	王　宁
特 约 编 辑	刘百玉　孔晓南
设 计 制 作	毕晓郁　祝玉华　张采薇
图 片 处 理	叶德永
印　　　刷	青岛海蓝印刷有限责任公司
出 版 日 期	2017年10月第1版　2017年10月第1次印刷
开　　　本	16开（787毫米×1092毫米）
印　　　张	15.5
字　　　数	100千
图　　　数	288幅
印　　　数	1-8000册
书　　　号	ISBN 978-7-5552-5276-4
定　　　价	58.00元

编校质量、盗版监督服务电话：4006532017　0532-68068638
建议陈列类别：女性时尚类　体育健身类

自序 / **好身材不是梦** 01
推荐序 / **我的身材定制之旅** 06

PART 1

第一章
身材定制是什么?

第一节　认识好身材

何谓好身材 / 2
如何练就好身材 / 2
好身材是一种修养 / 3
随处可见的胖子 / 4
脂肪与肌肉的斗争 / 6
好身材的肌肉黄金比 / 9

第二节　定制专属好身材

何为身材定制 / 13
明确诉求 / 14
合理饮食 / 16
周期计划 / 18
提高运动效率 / 18
增强安全意识 / 22

PART 2

第二章
身材定制怎么做?

第一节　艺术塑形：随时随地徒手做

窈窕训练计划 / 28
性感训练计划 / 56
紧致训练计划 / 76
局部训练计划 / 95

第二节　黎明九健：健身器械辅助训练

　　黎明一健：塑造健壮、紧致肩部 / 121
　　黎明二健：练出魅力背部 / 133
　　黎明三健：甩掉蝴蝶臂、拜拜肉 / 143
　　黎明四健：锻造性感胸部 / 153
　　黎明五健：告别游泳圈、啤酒肚 / 164
　　黎明六健：重塑诱人热臀 / 173
　　黎明七健：打造有力、紧实的大腿 / 188
　　黎明八健：塑造优美、健康的小腿 / 197
　　黎明九健：打造万人迷小脸和健康颈椎 / 200

第三节　辅助训练：增强心肺促健康

　　心肺功能训练 / 205

PART 3

第三章
身材定制怎么吃？

第一节　艺术塑形饮食计划

　　窈窕计划饮食建议 / 219
　　性感计划饮食建议 / 221
　　紧致计划饮食建议 / 222

第二节　营养补充与改善计划

　　吃饭是个大问题 / 224
　　减肥食谱别轻信 / 224
　　碳水化合物增减有度 / 225
　　延长饱腹感 / 226
　　要重视食用蔬菜 / 227
　　一次只改变一件小事 / 229
　　九成就够了 / 230

自序 / 好身材不是梦

中国的经典情歌《康定情歌》里有一句词是这样的："人才溜溜地好……"这其中，"人才"的内涵就包括颜值和身材。时下颜值当道、身材为王，而一个人的颜值主要靠先天遗传，通过阅历、读书带来的气质改变以及手术整形带来的容颜改变属于锦上添花。美好身材的获得，除了先天遗传基因决定的胚子（胚型）、身高、比例、骨架结构及肌纤维类型【分为红肌纤维（慢纤维、耐力型纤维）和白肌纤维（快纤维、爆发力纤维）。纤维类型一般在6岁前确定，后天合理的训练可使其顺势发展，若没有"因材施教"则可能导致天赋被埋没】之外，后天训练、营养意识也相当重要。所以有人说身材反映修养、体现阶层，是很有道理的。

好身材（体形）、好体态、好体质、好体能、好体感和好体艺统称为"六体"，它们之间环环相扣、相辅相成。健身过程中，若其中一环做不好或缺失，如节食、大量或超量有氧消耗导致体能变差，药物减肥、药物增肌、吸脂手术等导致体质变差，还想达到"瘦美"或"壮美"的目的，最终都是不可能实现的，这是一种南辕北辙、竭泽而渔的行为。所以，想要获得一个完美、健康的身材，就要有计划、科学地健身。这本书，包含了我通过20多年经验所总结出的健身秘籍，希望能帮助大家科学、健康地拥有"六体"和谐的好身材。

我从小在体育教师组成的家庭中成长，早期经过专项训练（田径短跑项目、三大球项目），后来到体育学院学习综合课程和做竞技健美操专项训练，然后开始进行健美操和健身课程教学，策划和主持过中央电视台和各大地方电视台举办的减肥塑形真人秀、训练营大课，进行过教练培训、企业讲座、小班教学，再到后来的一对一教练培训和会员培训。在这20多年的经历和健身体验中，我实现了从学业、专业、职业、行业到产业的跨越。另外，我不仅是竞技健美操运动员、竞技健身运动员、健身教练、培训师，还是职业经理人、健身企业及训练营的操盘手和投资人，还是四川人民艺术剧院舞台剧演员以及三宝音乐剧《金沙》男主角……也算得上工作经验丰富，客户遍及各个年龄段、职业及圈层，对各种客户的心理和身体诉求、审美诉求有一定了解。我发现人们往往以追求"身材美"为最大驱动力开始健身，所以也在这本书里专门针对"身材"制订了详细的优化方案及健身建议。

如果你还是不清楚健身的意义，那么我们来看看不健身的你将失去什么。首先，人类的祖先面对食物的匮乏和获取食物所要付出的艰辛，几乎人人都有对食物的占有欲，都想不劳而获、易懒惰。其次，随着现代生活水平的提高，快餐和膨化食品的泛滥造成了食物相对容易获取却不易"择取"。再加上现代社会越来越不需要靠体力劳动获取生存资本，健身意识的普及及实践条件远抵不过"暴食"和"懒惰"的诱惑。所以，随着时间的流逝，身体会产生退行性变化——衰老，如果我们一味放纵自己，哪怕抱有"顺其自然"的想法，身材也会走样，并随着年龄的增长而加快衰老进程。相反，那些美国西海岸人群、地中海式饮食人群及"华尔街精英"等，他们早早就注意到这些问题并坚持克服"本性"的懒惰，以求获得"不老"的身材和气质。

转看国内，中国已成为世界糖尿病第一大国，全民身体素质呈大滑坡趋势，其中缺乏运动、过量进食，尤其是糖类和油脂类摄入量过高是导致这一结果的最大原因。因此，控制饮食成为众多肥胖人士的首选手段。然而人们却发现单纯的消耗热量、脱水注定反弹，更不要说长期看不到效果而产生的放弃心理。所以我强调，只有充满乐趣又能享受到完成、突破、提升、进步等成就感的训练才能使人在运动中产生内啡肽和多巴胺，使人快乐并产生依赖，再经由大约6周、每周3次左右的运动频率形成"行为转变模型"从而达到健身成瘾、乐此不疲的效果，最终拥有终生的好身材。

所以，你决定开始健身了吗？如果你已有真正的决心，就请付诸行动吧！

对于健身，首先我们要明确训练目标、具体量化目标并正确估算可以达成的

时间。其次，我们要调整心态，不急功近利也不拖拉、反复，找出最真实的、不是人云亦云的思想动力，自己想清楚并持之以恒。在此基础上，我们还要选择健康的生活方式来取代怠惰、暴食、节食、熬夜、烟酒过量等不良生活习惯，全身心投入健身中去。

如果你已做好以上准备，那么欢迎你来到我用20多年的身心历程和感悟实践建立的"健身俱乐部"。我相信，只要你理解了我的健身哲学，跟随我的训练思路进行目前对身材塑造影响很大、受众很广也是很经典的两种训练方式——"艺术塑形训练计划"（徒手、小工具、轻器械的循环练习）和"黎明九健"（局部孤立雕刻的联合器械、自由重量阻力训练），就一定能获得梦寐以求的好身材！

我的这套训练计划，究其原理，是来源于生活（人体常用动作）、高于生活（综合运动生理学、运动力学、运动解剖学等设计的改进功能和体形的动作）的。它是生活中六种功能性动作元素的组合：

1. 以单腿交替为主要运动方式的身体位移，例如爬、走、跑、跳等；

2. 蹲下、起立，例如各种形式的单、双腿蹲起等；

3. 屈髋提起，例如硬拉等；

4. 推；

5. 拉；

6. 旋转。

各位有缘阅读和使用本书的读者若用本书的思路和原则指导健身行为，用书中介绍的训练方法实践训练，并观看我们书中的每一个视频教学课程，除了能切实获得身材改进和整个"六体"指标提升，更有机会获得与作者线下亲身教学互动的真实深度体验！行动起来吧，拥有好身材不是梦！

谨以此书，献给妈妈，献给女神——一生所愿，一路有缘！

谢黎明

2017年7月

推荐序 / 我的身材定制之旅

健身的价值在于不仅仅让我们肉眼可见的身材看起来很好，还会让我们的内心感觉更好，随身材改变带来的自信和对生活的期待会更多、更积极。

首先讲一下我的减肥"血泪史"。作为女生，我的体重曾高达80千克，牛仔裤穿男款的33码。早年，黄瓜减肥法、鸡蛋减肥法、断食减肥法、代餐减肥法、针灸减肥法等各种方法我都尝试过，却备受折磨、收益甚微。那个阶段，我的体重在70~80千克之间快速、反复变化，每天都在"要死要活"的减肥和反弹后的精神崩溃中度过，还导致内分泌失调，长了一脸痘痘。

后来我走进健身房，开始不遗余力地办健身卡、买私教课，从初级教练到高级教练，多年来换了十几个私人教练，却依然是个"死胖子"。我绝望地问教练们我为什么没有瘦，对方总是会说："但是你体能变好了呀。"可是，当时的我需要的不是体能，而是一个好身材！

之后，我练习马拉松，又经历了工作、结婚、生子等一系列人生大事，也只勉强将体重维持在60~65千克之间。"可能我天生就是这般吧！"我这样想，也已经基本放弃了减肥。

直到遇见了谢老师和他的"身材定制"训练课程，我重新看到了获得好身材的希望。他教会了我许多人体工作原理及血糖相关知识，还给我量身定制了两套包含不少动作的训练计划以及一套饮食计划。几乎没有任何不愉快，我适应了新的训练计划和饮食习惯，体重很自然地减到了今天的57.5千克，并一直保持着。

成功瘦身之后，我又开始关注自己的身体线条并进行了针对性的训练。我现在的BJM值（身体质量指数）为19，同时通过针对性训练拥有了胸部结实、臀线提升、腰腹紧实的良好身材。我想跟大家分享这段经历并提醒身材肥胖的女性，减肥不仅仅是靠毅力来完成，还要靠科学的方法来指导，选对了方法，这就是一个快乐的过程。

身材定制学员 刘小丫

2017年7月

第一章

PART 1

身材定制是什么?

身材定制,可以理解为根据每个人的先天身体条件,来制订适合个人的科学训练方案和合理饮食计划,经精准执行,从而使训练者获得好身材。

Chapter 1
第一节
认识好身材

何谓好身材

可以说，芸芸众生就有"芸芸众身材"，一千个人就有一千种身材。尽管每个人身材的先天条件不同，但好身材的标准始终如一，即**充满活力、匀称、协调的身材，也就是能够吸引他人、魅力四射的健美身材！**

说到健美身材，很多人会走进一个误区，认为拥有夸张的大块肌肉，走起路来"摇摇晃晃"的大块头才是标准的健美身材。其实不然，我在此处提到的健美身材其实是一个抽象概念。凡是健康的体魄所呈现出来的符合大众审美的身材，就是健美身材。

如何练就好身材

首先我想强调的是，身材是可以通过不懈努力而改善的。

虽然每个人的先天条件（身高、上下肢比例、身体胚型、肌肉类型、神经类型，甚至意志力水平、性格类型等）差异很大，但我们完全可以**通过科学的训练、合理的饮食、正确的意识和持久的信念**，去改善原有身材的不足之处，使其变得更

第一章
身材定制是什么？

加协调和健美。这虽然是一个庞大而复杂的工程，但只要跟随本书的步伐，就一定能练就你梦想中健康而美好的身材。

好身材是一种修养

完美的人不需要赘肉！

小时候，我就被外国电影中那些硬汉形象深深震撼，特别是对电影《第一滴血》里面的史泰龙崇拜有加，甚至还买来印有史泰龙照片的明信片，把它固定在电视机上，每天面对着史泰龙结实的肌肉、暴露的血管、坚定冷酷的眼神，手持哑铃进行原地摆臂训练……现在回想起来，这应该是我人生中的第一次健身。从那以后，电影屏幕中出现的一个个硬汉形象（《大西洋底来的人》《超人》《愤怒的公牛》《钢铁侠》《金刚狼》《美国队长》……）不断吸引着我、召唤着我，使我在健身这条路上走下去。

现在人们对于女性身材的审美，也由曾经单纯的"以瘦为美"变为追求"穿衣显瘦、脱衣有肉"的健美身材，如许多欧美女星和越来越多的中国女星，都在坚持健身，以一副好身材赢得他人的好感和尊重。

如果说长相是父母给的，与生俱来不易改变，身材则是可以通过自己的锻炼产生较大改变的。很多女性朋友愿意将大笔费用投资在化妆品和服饰上，可是她们忘了健美的身材才是最好的服装。就算你用着价值不菲的化妆品，穿着昂贵的名牌服装，却满身赘肉、身材臃肿，那又有什么魅力可言呢？

因此，越来越多的人开始把健身作为自己每天的必修课。**保持运动的习惯，锻炼出健美的身材，尤其能够体现一个人的修养**。一个有着好身材的人，八成有着智慧的生活方式——健康的起居、科学的饮食、规律的体育锻炼，这种修养代表着他们对自己"美好"的要求，说明他们爱惜自己的身体，拥有自律的品格。

这种好修养，与银行账户里的数字没有关系！

随处可见的胖子

肥胖，不仅仅是看起来胖而已！

什么是胖子？

国际上普遍采用体重指数作为判断肥胖的标准。

世界卫生组织规定：**体重指数 = 体重（千克）/ 身高（米^2）**。

对于东方人来讲，体重指数大于 25 为超重，大于 28 为肥胖，低于 18.5 则为瘦削。另外的，东方人的肥胖比较偏重于"中心型"，即腰腹部肥胖。所以有专家建议，我国男性正常的腰围应控制在 85 厘米（二尺六）以内，女性腰围应控制在 80 厘米（二尺四）以内，不然也属于肥胖。

可是，如果仅按照这个标准来判断，很多不锻炼的人也不属于肥胖人群，但他们没有健美的身材和健康的体魄。因此，我提供给大家一个非常简单又合理的判断标准：**肌肉少而脂肪多的人就是胖子！**

那么，我们怎么确定身体肌肉的多少呢？

大部分人不像大力士、运动员、模特那样肌肉线条明显，仅依靠肉眼无法判断出肌肉的多少，所以我为大家提供了以下几个问题作为判断依据，回答的"是"越多，身体就越肥胖。

	是	否
1. 你感觉自己的身体经常没有力量，难以提起重物吗？	☐	☐
2. 你平时走路会感觉到累吗？	☐	☐
3. 你平时上楼时腿会酸痛吗？	☐	☐
4. 你平时弯腰会感觉不舒服或是比较累吗？	☐	☐
5. 你感觉自己越来越没有活力了吗？	☐	☐

根据这个标准，我们会发现，除了生活中人人都能看出的胖子之外，其实还有相当一部分"很瘦的胖子"。

第一章 身材定制是什么？

比如，很多看上去很瘦、很美的女孩是不敢穿泳装的，因为平时合适得体的穿着可以很好地掩饰她们身材上的缺点，而泳装不行。所以她们也是胖子，肚子、屁股、大腿都会有不同程度的肥胖，并且这种整体瘦加局部胖的身材看起来会很奇怪。

所以，只要是缺乏锻炼的人就会在流失肌肉的同时增长肥肉，变成胖子，区别只在于肥胖的程度不同而已。有的人胖得"全面""正宗"；有的人变成长着肥肉的"瘦子"；还有的人虽然没有肥肉，但也没有肌肉，身材平坦、干瘪。

谢/老/师/小/提/示

轻不是美的代名词！

这里要跟读者朋友们说一下，请不要相信任何减重的捷径或一味只注重体重，"越轻越美"的观念是完全不对的！我们应更关心自身的健康和身材的匀称，健身的目的应是拥有健康、拥有自信、拥有一个好身材。

生活中我们也会发现，很多很瘦的人并不好看，尤其是通过节食或疾病减下十几千克的人，他们大多三围小、皮肤松弛、气色不好，这样的"病态美"并不是真的美。

所以我们要建立这样一个观念：体重不是衡量好身材的唯一标准。

我们通过健身来减肥、塑形，最重要的是要身体结实，把膨胀、肥胖的自己收紧，而只有肌肉才能带来紧实的身体。追求好身材，就是让自己成为肌肉多、脂肪少的人，将肌肉和脂肪的比例维持在一个合适的范围内。

脂肪与肌肉的斗争

增加身体肌肉含量，加大代谢马力！

脂肪是维持人体正常运转与优美体态必不可少的一部分，它可以运送脂溶性维生素、保护内脏、形成美丽的身体曲线、使皮肤有光泽等；但脂肪过多也会造成血脂高、脂肪肝（进一步恶化就是肝硬化）等疾病和体型围度过大、体态臃肿等身材缺点。

同时，脂肪被喻为"死体重"，因为它没有太多的用处、不与神经连接、不受人体指挥。我们常说的上了年纪的身体会出现老态（如身体松垮、下垂），主要就是由脂肪的增加和肌肉的流失造成的。**在与地心引力的斗争中，脂肪永远是失败者。**

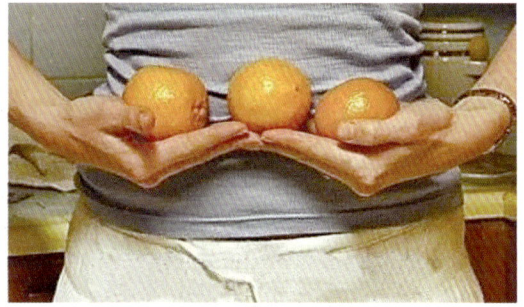

（2.3千克的脂肪与2.3千克肌肉的体积比）

通过上图可以看出，相同重量的脂肪与肌肉的体积比可以达到3:1甚至是5:1，这也就是为什么同样体重的人，由于脂肪含量的不同而显现出的胖瘦"观感"的差异。所以，要保持自己的好身材，就要将身体的脂肪含量适当降低。但由于脂肪对身体健康也有一定的作用，我们不能将其全部去除，所以只需将它维持在一个正常的范围内即可。

第一章
身材定制是什么?

那么,脂肪含量的正常范围是多少呢?

这里,我们就要引入"体脂率"的概念了:身体脂肪含量占身体体重的比例简称为体脂率(BFR)。

我们可以自己进行简单的体脂率计算,也可以利用专门测体脂率的仪器进行精确测量。测量体脂率的最佳时间为早上醒来后,计算公式如下:

首先,计算身体脂肪总重量:

女性身体脂肪总重量(千克)=【腰围(厘米)× 0.74】-【体重(千克)×0.082+34.89】

然后,就可以计算体脂率了:

体脂率 =【身体脂肪总重量(千克)÷ 体重(千克)】× 100%

正常情况下,成年女性体脂率应控制在12%~22%,若超过30%,则视为肥胖。

通过我多年的健身经验来看，女性体脂率大都高于25%。也就是说，除了部分"干瘦"与健身的人，大部分女性都是体脂超标的。这是因为女性本身的身体、生理构造决定了她们比男性所需的脂肪更多，所以她们将体重控制在正常范围时，肌肉比例会偏低，脂肪比例自然就超标了，**我们将这种体重不超标但脂肪比例超标的情况称为隐性肥胖**。如不及时纠正，30岁以后，隐性肥胖就会发展成真正的肥胖。而解决隐性肥胖的办法很简单，概括来说就是"加减法"，即：**减掉脂肪，增加肌肉。这样的一减一加，体重不变，但身材绝对苗条得多。**

如何运用"加减法"解决隐性肥胖？

我们先来举个量化的例子：

正常情况下，我们的身体燃烧0.5千克肌肉需要平均每天消耗7~10千卡（1千卡=1000卡路里）热量，而燃烧0.5千克脂肪只需平均每天消耗2~3千卡热量。也就是说，**同样体重的两个人，体脂低的反而消耗大。**

由此可见，我们身体的肌肉含量多了，就能大大提高基础代谢率（人体在清醒且安静的情况下，不受精神紧张、肌肉活动、食物和环境因素等影响时的能量代谢率），这样，过剩的热量就会更多地被肌肉消耗。**因此，提高基础代谢率的一个最常见且最有效的办法就是增加肌肉**。若一个人在体重不变的情况下，能把肥肉减去3千克、肌肉增加3千克，不但身材变化很大，且每天日常活动还能多消耗300千卡的热量（相当于1碗米饭的热量），即便睡一整天觉，也比从前多消耗几十千卡。这样一来，我们每天跟别人吃同样的食物，做同样的事，却能更快地将热量代谢掉，犹如24小时不间断减肥。而随着年龄的增长，人的基础代谢率会慢慢降低，因此也就容易发福，这时更要通过增加肌肉量来提高基础代谢率。

那么，我们该如何增肌减脂呢？

每个人要根据自己的身体状况、锻炼目标的不同而选择适当的方法，即按需制订合理的健身计划，其具体内容可以参考后面几个章节的实操性训练。但无论我们选择哪一个计划，想要达到增肌减脂的目的，其根本的原则是"瘦增肌，肥减脂"。锻炼时，要做到不节食、不做超强负荷运动，在不损害体质、体能的健康前提下合理补充营养、充分休息，加以适量的训练。同时，增肌、减脂要双管齐下，不可单纯只专注于一项。减脂可以用有氧训练达成，减少摄入与消耗能量之差，而增肌可以用阻力训练加营养补充达成，使肌纤维增粗、增大，再配以综合训练，使肌肉、脂肪比例适当，从而优化体质、提高体能。

好身材的肌肉黄金比

科学的肌肉比才是王道！

我们把不理想的身材概括为三类：

1. 干——太瘦了

长跑运动员、年纪大的体力工作者、舞蹈运动员较多属于这一类。他们肌肉小、细、长，脂肪含量很少，带给人干枯的感觉。

谢/老/师/小/提/示

肌肉会变成肥肉吗？

完全不用担心这个问题，因为肌肉是人体的一个重要组织，而脂肪是过剩营养的堆积，这是两种完全不同的物质，就像蛋黄变不成蛋白一样，肌肉也不可能变成脂肪。长时间不锻炼，肌肉可能会萎缩，但绝不会变成肥肉。若想肌肉恢复弹性，只需继续锻炼就可以了。

2. 凶——太壮了

力量型项目（举重、投掷、摔跤）运动员、健美运动员大都属于这一类。他们脂肪含量虽少，但肌肉多且大，在感官上会给人一种压迫感，给人很凶的感觉。

3. 丑——太胖了

许多懒人、馋人以及部分病人有这样的身材，并且他们大部分是虚胖。

读到这里，我想很多人在窃喜，认为自己不属于身材不好的人群范围。然而日常生活中，能对自己狠、让自己累、勇于吃苦的人是少数，我们大多数是懒人，是多脂肪、少肌肉的胖子。**这其中，很大一部分"幸运"的人因为脂肪含量少，看起来比较苗条匀称。但他们都忘了，相比脂肪，他们的肌肉更少，于是他们也就成了普遍存在的"瘦胖子"。**

那么，拥有多少肌肉才能达到好身材的标准呢？

虽然每个人的审美不同，对于好身材的评判不同，但是健美身材对于肌肉所占比例是有一个范围要求的，如果肌肉率在这一范围内，你就是美的，而如果超出这一范围，就是超出了我们大众对于美的定义，也就是不美了。

以奥黛丽·赫本和玛莉莲·梦露为例，她俩的身材一个修长、一个丰润，但测量后显示体脂率都是22%。赫本属于偏瘦型，又经过长年的芭蕾舞蹈训练，对于体重、围度都有严格的控制；而梦露以性感、写真出道，属于力量型，有着多年系统的力量训练。所以，虽然两人的脂肪含量相近，但看起来胖瘦差别较大，原因就在于身体的肌肉含量不同。但两人都是美的，这是因为虽然两人的肌肉量有差异，但肌肉率都在正常的范围内。

所以，无论你喜欢赫本般纤瘦的形体，还是梦露般丰满的身材，只要你对自己的健康和形体有要求，就需要将肌肉率控制在一个合理的范围内。

肌肉率是人体肌肉、身高、体重相结合的比值，其范围决定了一个人的身体健康状况和力量，计算公式为：**肌肉率 = 肌肉重量 / 体重 ×100%**，我们可以经由专业仪器测量肌肉重量进而计算肌肉率。

成年女性肌肉率的正常范围值为：25%~27%。

第一章
身材定制是什么？

怎样增加身体的肌肉含量？

经常举重或进行俯卧撑、蹲起、卷腹一类的力量训练可以帮助我们增长肌肉，由于肌肉比脂肪消耗热量更多，所以进行这些力量型运动增加肌肉的同时，还能保持、甚至减少体重。每周抽出2~3天进行力量训练，并不会使我们变得"虎背熊腰"，反而会使身材更加匀称、苗条。

丰满的胸部、漂亮的腹肌、匀称的腿部都是组成好身材的一部分，而这些优美线条的塑造都离不开肌肉。

适量的肌肉会使身材看起来更好！

> 谢/老/师/小/提/示
>
> ## 变成肌肉发达女？很难！
>
> 很多女性想通过运动减肥，又担心练出太多肌肉让自己身材走样。其实，女性根本不需要有如此担心，因为肌肉的膨大需要雄性激素的参与，而女性身体里含有的雄性激素非常少，只够维持肌肉生长，根本就不足以使肌肉膨大。并且，肌肉的膨大需要高强度的刺激，而我们平常的运动，包括跑步、骑车、打球和普通力量练习，根本达不到这个强度，所以不可能使肌肉膨大。只有高强度的力量训练加上特定的遗传背景，才能够练出很大块的肌肉，所以女士们可以放心地运动啦！

第一章
身材定制是什么？

Chapter 2
第二节
定制专属好身材

何为身材定制

　　身材定制是根据每个人自身的先天情况和不同需求，制订一套属于自己的、有针对性的训练计划。相比现在网络上或健身房中集体课程单一的、千篇一律的健身计划，它是个性化的，也是高效率的。

　　那么，我们该如何制订自己的健身计划呢？在计划的进行过程中，我们又该如何做呢？

　　这一节中，我会为大家列出进行身材定制的一系列方法。我相信，只要你能按照下面的方法、步骤进行健身，获得人人羡慕的好身材并不难！

明确诉求

练出好身材，第一步是明确自己的健身诉求！

大多数人开始锻炼的时候都不缺少精力和热情，但经过一段时间后，发现自己的改变并不大，就会产生懈怠心理。而造成这种"变化不大"的原因，往往是没有了解自己的健身诉求。健身不是随心所欲、毫无计划地训练，而是步步为营地坚持与努力。

那么，我们应该如何明确自己的健身诉求呢？

首先，我们可以参考前面讲到的身体指标，包括体脂率、体重、肌肉率等来界定一下自己属于超重、正常还是偏瘦人群。如果某些指标不在正常范围内，我们可以根据上面所讲到的公式进行推算，并对比得出自身各项指标与理想指标之间的差距。大家可以根据下面的表格来更直观地了解自己，从而制订计划：

指标	数值	是否合格	需调整值
体重			
腰围			
体脂率			
肌肉率			

了解了自身的指标状况，我们就可以根据这些情况来明确最适合自己的健身诉求了。这里，我介绍以下 5 个方向供大家参考。

1. 增肌

体重过轻、肌肉率过低的人可考虑以增肌为目的健身，并辅以力量训练及高蛋白饮食全面营养提升来制订健身计划。

2. 减脂

体重过重、体脂过高、肌肉率较低的人可以考虑以减脂为目的健身。但是相对于瘦人，胖人想要达到健身终极目标有更长的路要走，因为减脂要与增肌并行。因而减脂计划的短期目标需设定得更多、更详细。无氧训练在减脂过程中必不可少。

3. 塑形
身体各项指标都正常但形体不好的人，可以选择以塑形为目的进行健身。

4. 力量
肌肉率过低的人需要以力量为主要目的进行健身。另外，有些人身形看似"正常"，但力量偏弱，例如拎重物连瘦子都不如，这样的人还需要增肌。我们要判断一个人的力量高低，首先要看他能否正常完成生活中所需的走、跑、跳、蹲、提、拉、推、举等动作，然后再看具体力量指标。力量指标的判断方法以卧推、深蹲、硬拉三项成绩为准。

成年人及格力量指标（千克）=【身高（厘米）-100】/2

成年人优秀力量指标（千克）=【身高（厘米）-100】

健身、健美运动员力量指标（千克）=【身高（厘米）-100】*2

5. 柔软度
有些人身体非常硬，类似瑜伽动作的伸展根本无法做到，平日行动也总是感觉身体僵硬，这就是身体的柔软度不够，需要以提高身体的柔软度为目的健身。另外，不胖不瘦，不追求肌肉线条的人（尤其是女性），也适合将提升柔软度作为健身目标。这里，我也提供大家一个判断自身柔软度的方法：首先，看我们的身体能否正常完成生活中需各关节参与的抬、举、绕环、屈伸等动作；再看在运动表现中是否存在关节的功能性障碍和活动幅度受限，我们可以以最常见的直腿体前屈为例考察大腿后群和腰部的柔软度——指尖能触脚踝为及格，指尖触地为良好，掌根触地为优秀。

在明确了我们的诉求后，便可以根据这些诉求来制订训练计划了，这在后面的实操性训练部分（艺术塑形、黎明九健）中会有更详细的介绍。

另外我们还应知道，增肌、减脂、塑形、力量、柔软度是大众健身的五个比较具有普遍性的诉求。**有些人是单项诉求，有些人是多项甚至全部，有些人是阶段性单项改造、补充，有些人是持续、全面地协调各项训练，这都需要我们在健身过程中不断地关注自身各项指标，不断调整、优化健身方法，千万不可以过于"执着"地照搬训练计划，"从一而终"。**我们可以以一个明确并且可以测量的数字为参照，以具体的变化来体现健身成果，一步步达成最终的健身诉求。

《施瓦辛格健身全书》中有一个很有趣的建议，即在开始健身之前，我们可以用相机分别从四面对身体拍照，并记下一些重要的测量数据，如：脖围、胸围、二头肌尺寸、前臂尺寸、手腕尺寸、腰围、大腿尺寸、小腿尺寸、体重等等。之后每隔一段时间都再记录一次，通过这种方法，就可以在一段时间后看看自己到底取得了多大的进步，也可以根据具体情况而更新健身诉求。

谢/老/师/小/提/示

减脂不能过度

在减脂过程中一定要定时关注自己的体脂率，千万不能减脂过度。因为体脂率不仅关系到体重和身材，对人体健康状况也有相应的反馈。体脂率高表明运动不足、热量过剩或有某种内分泌系统的失常，而且常会并发高血压、高血脂、动脉硬化、冠心病、糖尿病、胆囊炎等病症；若体脂率低于体脂含量的安全下限，则可能引起脏器功能失调。

合理饮食

热量的摄入与消耗平衡也至关重要！

人体消耗的热量主要用在两个方面，一个是基础代谢，一个是行为代谢，即**消耗的热量 = 基础代谢 + 行为代谢**。基础代谢包括呼吸、体温、心跳、大脑思考、头发和指甲生长、肌肉生长、血液和内脏运作、食物的消化和吸收（食物热效应）等所需热量。而行为代谢是一切身体活动所需要的热量，如走路、跑步、工作等。

在本书中，行为代谢具体指健身、健美训练帮助我们燃烧热量所消耗的脂肪量。增加行为代谢，可作为增进缺乏行为代谢而又摄入过剩热量的肥胖人群的补充代谢手段，但对于偏瘦和想要增肌的人来说，行为代谢的增加要适量。如果自身热量摄入不够，盲目增加行为代谢，那么"投入"与"产出"无法达到平衡。我们要了解自己每日的代谢率，才能配合饮食，对健身目标进行合理优化。

理想状态下基础代谢率的计算公式如下：

女性基础代谢率（千卡）=661+9.6* 体重（千克）+1.72* 身高（厘米）– 4.7* 年龄

假如你参与了运动，能量消耗会增加，这时现实状态下基础代谢率的计算方法是：

坐式生活方式（极少运动）：理想基础代谢率 *1.15

日常活动（轻微运动）：理想基础代谢率 *1.3

中等强度健身（每周运动 3~4 次）：理想基础代谢率 *1.4

大强度健身（每周运动 5~6 次）：理想基础代谢率 *1.6

专业运动员（每周运动 6 次以上）：理想基础代谢率 *1.8

有消耗便要有吸收。我们的身体通过摄入食物来获取能量，我们可以通过计算食物热量来估计热量的摄入值。对于有不同健身诉求的人来说，能量摄入与消耗的比例是辅助其达到目标的关键因素之一。具体如下：

1. 增肌：摄入 > 基础代谢 + 行为代谢
2. 减脂：摄入 < 基础代谢 + 行为代谢
3. 塑形：摄入 ≤ 基础代谢 + 行为代谢
4. 力量：摄入 > 基础代谢 + 行为代谢
5. 柔软度：摄入 ≤ 基础代谢 + 行为代谢

谢/老/师/小/提/示

减脂饮食

因为希望通过健身而减脂的人占多数，这里我多讲一点减脂饮食注意事项：

1. 每日摄入蛋白质、碳水化合物与有益脂肪的比例应为 8:7:5。
2. 以每日 5~6 餐最佳，多喝水。
3. 少吃简单的碳水化合物（如白面包、白米饭），以土豆、红薯、燕麦等代替。
4. 碳水化合物的摄入应安排在上午及负重练习的前、后餐。
5. 碳水化合物摄入量较多的那天应做强度较大的负重练习或较长时间的有氧练习，且第二天应适当减少这类食物的摄入。

周期计划

有了健身方向与饮食辅助，就要更详细地落实！

健身是一件战略上可以蔑视、战术上需要重视的系统工程，它不比攻克一个客户、写出一个方案、追到一个目标情人容易。单就时间来看，欲速则不达；相反，拖延反复、原地踏步、恶性循环的心态和消极执行态度也要不得。

轻、中、重度肥胖或瘦削人群的健身周期及详细计划需要区别对待，需配合不同时长的饮食调整和训练干预，然后设定训练内容，按每周、每月、每季度详细制定，并要求自己在设定期限内达到合理的阶段目标和最终目标。

	首要健身诉求	训练周期
瘦削	增肌、力量	3~6个月
轻度肥胖	减脂、增肌	3个月
中度肥胖	减脂	6~12个月
重度肥胖	减脂	12~18个月

提高运动效率

心率、时间、肌肉群缺一不可！

我们平时的运动只有持续20分钟以上，脂肪才会慢慢参与进来，**所以有氧运动必须连续做20分钟以上。**

前面说过，我们健身是想要达成增肌、减脂、塑形、力量、柔软度之中的一个或几个诉求。那么，如何才能准确、高效地做到呢？

增肌，我们要做到：

1. 注重孤立训练和局部训练

认真分析自己的身体结构，找出相对来说更加瘦弱、无力、需要增加肌肉，以及需要增强力量的部位，加强局部训练。具体身体部位的训练计划可参照第二章艺术塑形中的局部训练计划和黎明九健训练计划进行。

2．多组数、多次数、高密度训练

分部位训练最终要达到 30~50 组的多组数和超级组数练习为极限目标，每组一般应做到 8~12 次，间歇 30~60 秒甚至更短。即相对来说，多组、多次、少休息更好。但要根据个体情况和体能水平阶段循环渐进，不可一概而论。

减脂，我们要做到：

1．保持中低强度运动心率

中低强度运动心率的范围 =（220− 年龄）×60%~（220− 年龄）×80%

举例来说，一位 20 岁的男性，他的中低强度的运动心率应保持在（220-20）×60% 到（220-20）×80% 之间，即每分钟心跳 120~160 次，超出这个范围，身体运动的供能系统就不是脂肪。

我们以心率体现运动强度，从而确保做中低强度的运动，因为这样的运动在单位时间内分解、消耗的脂肪较多，减肥效果最好。强度过低的运动在单位时间内分解、消耗的脂肪太少，达不到减脂效果；而大强度运动主要依靠葡萄糖的消耗提供能量，脂肪消耗所占比例很小。此外，肥胖人群生理功能较差，运动减肥早期阶段通常很难忍受大强度运动。

2．做运动要持续半个小时以上

在中低强度运动心率下持续运动 30 分钟以上才能达到减脂要求。因为我们运动时先消耗糖原，只有当糖原消耗得差不多时，脂肪燃烧的比例才慢慢增加，因此练习中等强度的运动越久，燃烧掉的脂肪越多，当运动达到半小时至一小时时，身体所消耗热量的五成都由燃烧脂肪来供应。

3．运动大肌肉群

健身中，我们会给肌肉进行分类，一般分为大肌群（如胸大肌、背阔肌肌群）和小肌群（如肱二头肌、肱三头肌）。大肌群拥有更多的肌肉量，在训练中我们需要尽可能多地募集肌纤维，所以很多复合动作是锻炼大肌群的主要方法。相反，对于小肌群，孤立训练相对比较好。

慢跑、游泳、健身操等大肌肉群运动项目能有效且全面地减掉身体脂肪。相反，很多运动看起来很锻炼身体，但由于没有用到身体的大肌肉群，只是在运用局部肌肉运动，所以不能起到减肥、减脂的作用。例如所谓的"坐姿压腹器"，它只是运动了部分腰腹部肌肉，所以减肥效果往往很差，达不到预期。

第一章
身材定制是什么？

塑形，我们要做到：

1．增肌训练必不可少

俗话说"巧妇难为无米之炊"，塑形也一样。塑形的前提是身体要有肌肉，然后再将肌肉塑造出完美的形态。所以，塑形首先要增肌。

2．适当增加有氧训练

每周单独安排一套完整的有氧消耗训练（1小时左右）或在每次力量训练后增加20分钟的有氧训练。

加强力量，我们要做到：

1．少组数训练方式

力量训练与增肌训练不同，不追求多组数、多次数和高密度的训练方式，但要保证每次动作都完全到位，充分感受肌肉的拉伸和收缩。

2．接近或达到、甚至超过最大力量负荷

练力量，就是要挑战一下自己的极限，尽量让自己做到平时不可及的负荷范围，这样才能慢慢将力量提高，达到目的。但也要注意量力而行，最好有同伴或教练的保护，安全第一。

3．强调多关节参与的功能性训练

推举、硬拉、深蹲、挺举、抓举等训练是练习力量的良好选择。

4．热身充分，间歇充分

其实不管是什么运动，都要以安全为首要任务，练习力量更是如此。力量型训练要用到比自身最大负荷还要大的重量，更是要注意安全，防止肌肉、韧带拉伤，所以热身运动显得尤为重要。同时，每组动作之间还要充分休息，做到休息2分钟以上，以保证肌肉得到充分放松。

提高柔软度，我们要做到：

有氧训练、力量训练、伸展幅度训练有机结合

提高身体的柔软度是很复杂的一项训练，我们需要在不增加体重和身体围度的前提下，提高肌肉的弹性、伸展性和关节活动幅度，所以在做这方面的提升时，不能仅仅注重某一个部位或者专练某一项运动，要将有氧训练、力量训练和伸展幅度训练适当地结合起来。

增强安全意识

把安全放在第一位！

锻炼过程中的安全防护措施，主要包括自我防护和同伴保护。

先说一下自我防护。

首先，我们在锻炼前，一定要按照训练课程的要求做好准备适应性训练活动。**避免运动受伤的基本方法就是在常规全面热身后先适当做 1~2 组小重量适应性训练，再采用大重量正式锻炼。**充分的热身能明显提高运动效率并且降低受伤的风险，它不单是身体准备，还是心理准备。充满活力的热身运动通常由一系列全身运动组成，目的在于通过动作、力量和平衡来协调身体各部分（韧带、关节和肌肉等）。

热身的好处有：

1. 增加动作多样性；
2. 提高身体协调能力；
3. 增强关节活动性；
4. 提升肌肉温度；募集和激活更多肌肉。
5. 促进血液流动；
6. 唤醒神经系统；
7. 提高运动效率；
8. 减少受伤风险。

其次，我们还应根据运动需要戴上护具（护腕、护肘、护腰、护膝等）。做大重量深蹲、推举时，一定要系上护腰带，深蹲时还要加上护膝，防止腰、膝受伤。如果运动者腕部受过伤，一定要带上护腕。

最后，单独训练时，特别是初练者，出现困难或危险的情况应保持冷静。遇状况不要紧张，积极采取有效的措施进行自我帮助和保护，以解除困难。例如，练习杠铃卧推时，若杠铃压在胸上举不起来，可先用胸、背做上挺动作，助力上举，如果失败，应做深吸气使胸腹部鼓起，再憋住呼吸，双手前推使杠铃从胸部滚到下腹部，然后抬起上体。

再说同伴保护。

我们训练时最好结伴，以便互相鼓励、互相帮助、互相保护。**进行大重量训练时，最好有同伴在身后（1人）或两边（2人）进行保护和帮助。**

第二章

PART 2

身材定制怎么做？

运动不是做得越多越好，食物更不是吃得越少越好，"多"和"少"是相对的。多少运动量才算多？多到什么程度才会合适？怎么吃健康？这其中有许多科学道理，且因人而异，唯一确定的是，急于求成的方法都是不可取的。所以，制订一个适合自身情况的、循序渐进的锻炼和饮食计划才是最重要的，这也是身材定制要为大家做的。

Chapter 1
第一节

艺术塑形：随时随地徒手做

　　这一节，我将教大家如何运用自身重量进行健身。很多人认为，健身必须依靠大型器材，其实不然，适应和克服自己的体重也是较好的阻力负荷训练。

　　艺术塑形是指利用徒手及小工具、轻器械的循环训练，跨越人体多个关节、动用尽可能多的大肌肉群和深层肌肉、核心肌群完成动作，从而达到全面训练心肺、肌肉、体能的效果。

　　进行本节练习时，我们要有意识地充分认识、了解自己的身体，并与它亲密"感受和对话"，通过练习各种各样的动作去激发自身的无限潜能，把自己的身体当作最好的器械。另外，每组运动间歇要短、训练要密集、肌耐力和心肺训练要相互结合，这样才能更好地发展心肺功能；同时还要注重肌肉的伸展，以便获得有适当体积、质量和优美线条的肌肉。

这本书里,我为大家制订了三套有针对性的训练计划及一套局部训练计划,大家可以根据前面讲到的健身诉求在不同的健身阶段选择不同计划:

1. **窈窕计划:** 减脂、塑形;
2. **性感计划:** 增肌、塑形、柔软度;
3. **紧致计划:** 塑形、力量;
4. **局部计划:** 结合原有训练,加强、改善局部身材,拥有理想的身材比例。

在执行这几个训练计划时,可以根据个人所处的训练阶段选择部分或全部、甚至以倍数组合进行练习,但是训练时间最长不宜超过 50 分钟。这是因为混合了心肺训练和肌肉的阻力训练属于有氧和无氧的交叉练习,不宜超过安全有氧训练的心率及时间范围。练习者可由简到难、由短到长、由慢到快地循序渐进做动作。

在训练计划的选择上,想要减脂的练习者可以从窈窕计划开始练习;偏瘦的练习者则可以从性感计划开始练习;塑形阶段的练习者要从紧致计划开始练习。初级练习者不建议使用叠加训练,应明确好自己的首要健身诉求后,从对应计划开始练习。有训练基础的人可选择局部训练计划;中、高级练习者可直接选择局部训练计划与其他三种训练计划任意组合,并把 15 分钟局部训练放在前面,作为弱点部位的分化训练和强化训练,但之后的 50 分钟任意训练计划仍然要做足时间。

> 谢/老/师/小/提/示
> ## 减脂的生理机制
> 当日能量的摄入量低于基础代谢所需能量时,我们的身体会做出一系列调整,其中之一就是降低自身基础代谢率,另一个是挖掘身体中原先储存的能源来弥补日需能量的不足,这些备用能源可能是脂肪,也可能是肌肉。所以,我们减脂的目的就是尽可能用脂肪而不是肌肉作为备用能源,方法就是在减脂期间坚持运动(尤其是有氧运动)和一日多餐,这样既能防止基础代谢率降低,又能成功减脂。同时,坚持适量的较高强度负重练习可以让身体维持肌肉量不变。

窈窕训练计划

窈窕训练计划的目的是减脂、塑形,以达到**减重、减围度、塑形的效果**。开始阶段为总共 5 分钟的热身练习,以下三种动作的单项练习时间可选择间隔 10~30 秒或各 1 分 30 秒不间歇进行锻炼,强度(动作幅度和速度、间歇与否)根据训练水平和身体状态自行调整。后面提到的热身练习亦是如此。

扫一扫,看视频

阶段一·热身　时长 5 分钟

1. 原地小步跑

下面是原地小步跑的动作分解图,做动作时要保证髋关节、膝关节、踝关节放松同时保持好关节的弹性,以减少此动作对关节的伤害,达到热身目的。

① 上身挺直、肩部放松;原地小步跑,一侧膝盖向上抬起,另一侧大腿积极下压,足前掌完全着地,足跟抬起,膝盖略伸直;髋部稍有转动,两臂尽量大幅度前后摆动。

② 换另一侧腿向上抬起,并保持抬起来腿的足跟离地;不断交替重复以上动作。

2. 原地后踢腿

下面是原地后踢腿的动作分解图,可作为热身、心肺功能加强及大腿后群肌的练习动作。练习中要注意缓冲,保护好膝关节。

① 双手叉腰,保持躯干和身体核心稳定;一侧小腿向后踢起,尽量踢向臀部。

② 换另一侧腿向后踢起;不断交替重复以上动作。

注意:身体核心是腰、骨盆、髋关节形成的整体,是指人体的中间环节,对于人体在移动过程中保持平衡来说至关重要。

3. 直膝前踢腿

下面是直膝前踢腿的动作分解图，这个动作可作为热身和心肺功能的加强练习。踢腿时要注意缓冲，不要伤到膝关节。

① 双手叉腰，保持躯干和身体核心的稳定；抬起一条腿，尽量将小腿向前弹出。

② 借助小腿弹出的惯性将大腿一同踢高，注意踢腿时要放松膝盖，最后踢击时一点发力。

注意：初学者可先从低位前踢练起，待身体柔韧度提高后再练中位、高位前踢。做完这个动作后休息1分钟，以伸展、放松肌肉。

第二章
身材定制怎么做？

阶段二·交叉混合训练 A　时长 4 分 30 秒

4. 宽距俯卧撑　　1 分钟

这个动作是锻炼胸大肌和肩部肌肉的常规动作，练习时肘关节不要伸得过直，以免伤害关节。1 分钟做 4~6 个为及格，12~15 个为优秀。初学者可先做跪姿俯卧撑（见本书 p.155）。

扫一扫，看视频

① 双手撑地大于肩宽，双脚跟并拢，臀部、腿部夹紧；集中注意力感受自己的胸大肌。

② 收缩胸大肌，同时弯曲双臂，使身体下沉至大小臂呈直角；然后缓缓伸直双臂，回复至初始动作；不断重复以上动作。

5. 侧边平衡　　　　　　　　　　　　　　　　1分钟

这个动作是对腹外斜肌和腰方肌的训练，练习时动作幅度不宜过大，保持身体核心的稳定，防止肌肉拉伸过度。

扫一扫，看视频

① 侧卧在垫子上，一侧腿着地，同侧手肘弯曲呈直角撑地；另一侧手叉腰，保持身体核心的稳定。

② 腹部发力，同时抬起腰、腹、腿，仅用一侧手肘与脚支撑全身，保持动作30秒；之后缓缓放下身体，换另一侧重复练习。

第二章
身材定制怎么做？

6. 侧向弓箭步交换 　　1分钟

这个动作主要锻炼股四头肌的力量。训练过程中要始终保持腰、背部的挺直，身体不能前倾、弓背。

扫一扫，看视频

① 双脚并拢，臀部后坐，身体呈半蹲姿势，弯曲的膝盖不要超过脚尖，双手置于体前。

② 一侧腿屈膝、屈髋，另一侧腿伸直，呈侧弓箭步，下蹲至半蹲（大小腿夹角呈90°）。

③ 重心回到双脚中间呈半蹲姿势，双腿不动，保持分开；再回复至初始动作；换另一侧腿重复练习。

7. 简式深蹲俯撑交换弓箭步

1分钟

这个动作是垫上支撑定点爬和双腿弓箭步交换跳的联合动作，能锻炼身体核心肌群力量和肩部力量，使腰部收紧。做动作时要注意对肘关节和腰部的保护，爬行时切勿过快。

① 双脚分开同肩宽，站在垫子的一端，保持身体重心的稳定。

② 膝盖稍屈、后背挺直、腰部向下弯曲，双手支撑于垫面。

③ 双手在垫子上慢慢向前爬行，直至双腿伸直，双脚前脚掌蹬地、脚跟抬起。

④ 慢慢放下腰部、臀部，使身体呈一条直线，以双手和双脚前脚掌撑地。

第二章
身材定制怎么做？

⑤ 一侧腿向前大跨一步至胸前，同时另一侧腿蹬直。

⑥ 动作到位后收回腿，换另一侧腿向前跨步，做相同动作。

⑦ 交替完毕，双手向后爬回，双腿收至胸前，站立回复初始姿势。

扫一扫，看视频

8. 四方向纵跳 　30秒

这个动作可作为热身、加强心肺功能和身体协调性训练的动作。跳跃时要注意缓冲，不要伤到膝关节和腰部。

正　　侧

① 身体挺直站立；稍屈膝，双臂后摆、上体前屈做起跳姿势。

正　　侧

② 全身发力，腿部蹬地向左前方跳出；然后依次向右前方、左后方、右后方跳跃；四个方向各跳一次为一组。

第二章
身材定制怎么做？

阶段三·交叉混合训练 B　时长 5 分 30 秒

> **9. 支架式静力撑**　　　　　　　　　　　　　　　　　 1 分钟
>
> 　　这个动作主要锻炼我们的臂部力量和腹肌，动作要领类似平板支撑，是目前被公认的训练身体核心肌群的最有效方法之一。

扫一扫，看视频

　　俯撑，双肘窝相对，双手握住放在地面上的支架，双臂垂直于地面，双脚并拢踩地；躯干伸直，头部、肩部、胯部和踝部保持在同一平面；收紧腹肌、盆底肌，保持腹肌的持续收缩发力；伸展脊椎，眼睛看向地面；保持均匀呼吸。

10. 半蹲起

1 分钟

这个动作主要锻炼我们的下肢肌群，包括臀中肌、踝关节等。做动作时膝关节要放松，保持身体的挺直和平衡。

扫一扫，看视频

① 站立，双脚自然开立与肩同宽。

② 呼气、膝关节弯曲，下蹲至大小腿呈直角，同时双臂向前抬起；动作到位后再还原至站立姿势。

注意：
①做该动作时想象后面有个椅子要坐上去，前屈的膝盖不得超过双脚脚尖。
②膝关节要缓慢弯曲，这个过程中如果骨盆不能稳定，双腿可以轻度弯曲至能做到的最大程度，练习一段时间后再慢慢增加下蹲深度。

第二章
身材定制怎么做?

11. 仰卧提臀

1 分钟

这个动作主要锻炼我们的大腿后侧、臀部以及后背肌肉。做动作时要避免腰背腾空,以免形成反作用力影响训练腹部肌肉的效果,并防止造成腰肌和腰椎的损伤。

扫一扫,看视频

① 身体平躺,双腿弯曲呈直角,双手放在身体两侧,后背和头部紧贴垫面。

② 肩膀放松,双腿夹紧,同时收腹、提臀,使大腿后侧、臀部、后背肌肉收紧,身体呈平板状;保持动作 2~3 秒后还原至初始动作。

12. 跪撑躯干挺身

1分钟

这个动作有助于背部肌肉的放松，并能激活臀大肌、腘绳肌。做动作时要保持两肩下沉，不要耸肩。

扫一扫，看视频

① 双膝并拢，跪在垫子上，双臂伸直撑地，使双手和双腿分别位于肩关节和髋关节的正下方。

② 吸气，收缩腹肌，抬起一侧手臂和对侧腿，慢慢伸直与地面平行；保持身体平衡。

③ 呼气，弓背，将抬起的手臂和腿向内收拢，肘关节靠近膝关节；不断重复以上动作；完成后换另一侧手臂和腿重复练习。

第二章
身材定制怎么做？

13. 交叉后跨弓箭步 1分钟

这个动作能锻炼臀部和腿部肌肉。做动作时要保持身体稳定，同时前屈的膝关节不能超过脚尖。

扫一扫，看视频

① 直立，双手叉腰；抬起一条腿，使大腿与地面平行，大小腿呈直角，脚尖绷直向下。

② 将抬起的腿后摆，身体稍向前倾。

③ 腹部收紧，身体保持挺直并下蹲，前大腿保持与地面平行，与前小腿呈直角，后腿膝盖触地；动作到位后回复直立状态。

14. 四方向纵跳　（详见本书 p.36）　　30 秒

扫一扫，看视频

这个动作可作为热身、加强心肺功能和身体协调性训练的动作。跳跃时要注意缓冲，不要伤到膝关节和腰部。

① 身体挺直站立；稍屈膝，双臂后摆、上体前屈做起跳姿势。

② 全身发力，腿部蹬地向左前方跳出；然后依次向右前方、左后方、右后方跳跃；四个方向各跳一次为一组。

阶段四·交叉混合训练 C　时长 4 分 30 秒

15. 窄距俯卧撑　　1 分钟

这个动作能够锻炼到肩部肌肉和胸部肌肉中束,做动作时注意双臂勿伸得过直,以免伤害到肘关节。初学者可做跪姿俯卧撑(见本书 p.155)。

扫一扫,看视频

① 双手撑地与肩同宽,双脚跟并拢,臀部、腿部夹紧;集中注意力感受自己的胸大肌。

② 收缩胸大肌,同时弯曲双臂,使身体下沉至大小臂呈直角,大臂平行于地面;然后缓缓伸直双臂,回复至初始动作;不断重复以上动作。

16. 交叉后跨弓箭步

扫一扫，看视频

这个动作能锻炼臀部和腿部肌肉。做动作时要保持身体的稳定，同时前屈的膝关节不能超过脚尖。

1 分钟

① 直立，双手叉腰；抬起一条腿，使大腿与地面平行，大小腿呈直角，脚尖绷直向下。

② 将抬起的腿后摆，身体稍向前倾。

③ 腹部收紧，身体保持挺直并下蹲，前大腿保持与地面平行，与前小腿呈直角，后腿膝盖触地；动作到位后回复直立状态。

第二章
身材定制怎么做？

17. 相扑蹲式侧平举　　　　　　　　　　　1分钟

这是一个需要借助哑铃完成的复合动作，能够锻炼肩部、腿部和臀部肌肉。做动作时注意膝关节弯曲角度不宜过大，至大小腿呈直角即可；双肩侧平举动作要规范、平直。

扫一扫，看视频

① 双腿分开约两倍肩宽，上身挺直，双手持哑铃，双臂于体前自然下垂。

② 收紧腹部，脚尖朝外，下蹲至大小腿呈直角，弯曲的膝关节不超过脚尖，同时双臂向身体两侧上举，直至与地面平行；动作到位后恢复初始姿势。

注意：哑铃是常用的辅助工具，我们锻炼时需根据训练计划中出现的组数、次数和个人训练水平、训练周期、即时状态选择器材重量。选择原则是重量和自身力量相适宜，勿盲目追求大重量或一味避重就轻。

18. 屈髋仰卧卷腹 1分钟

这个动作主要锻炼我们的上腹部肌肉。做动作时要缓慢，身体蜷曲时要避免颈部前伸。

扫一扫，看视频

① 仰卧在垫子上，双腿并拢、悬空弯曲，大小腿呈直角，小腿与地面平行；双手交叉放于胸前；颈部、背部挺直。

② 呼气，挺胸，腹部发力，躯干弯曲，保持2~3秒后慢慢还原至初始动作；不断重复以上动作。

第二章
身材定制怎么做？

19. 全蹲跳 30秒

这个动作能够锻炼到臀、腿肌肉并增强身体的爆发力。做动作时要注意对身体各关节的保护，不要用力过大，以免伤害关节或拉伤肌肉。

扫一扫，看视频

① 双脚呈外八字打开，双腿弯曲、全蹲；双手放于耳后，躯干挺直。

② 收紧腰背肌，双腿发力使身体腾空跳起，跳跃过程中要始终保持躯干挺直；不断重复跳跃动作。

阶段五·交叉混合训练 D　时长 7 分钟

扫一扫，看视频

20. 仰卧提臀　（详见本书 p.39）　　　1 分钟

身体躺在垫子上；双肩放松，双腿夹紧，同时收腹、提臀，使大腿后侧、臀部、后背肌肉收紧，身体呈平板状；保持动作 2~3 秒后还原至初始动作。

扫一扫，看视频

21. 宽距俯卧撑　（详见本书 p.31）　　　1 分钟

双手撑地大于肩宽；收缩胸大肌，同时弯曲双臂，使身体下沉至大小臂呈直角；然后缓缓伸直双臂，回复至初始动作；不断重复以上动作。

第二章
身材定制怎么做？

22. 侧边平衡 （详见本书 p.32）　　1分钟

扫一扫，看视频

侧卧在垫子上；腹部发力，同时抬起腰、腹、腿，仅用一侧手肘与脚支撑身体，保持动作30秒；之后缓缓放下身体，不断重复动作。

23. 简式深蹲俯撑交换弓箭步 （详见本书 p.34）　　1分钟

扫一扫，看视频

以双手、双脚前脚掌撑地，使身体呈一条直线。起身跳跃的同时双腿互换位置；然后交替进行。

24. 跪撑躯干挺身

扫一扫，看视频

这个动作有助于背部肌肉的放松，并能激活臀大肌、腘绳肌。做动作时要保持两肩下沉，不要耸肩。

1分钟

① 双膝并拢，跪在垫子上，双臂伸直撑地，使双手和双腿分别位于肩关节和髋关节的正下方。

② 吸气，收缩腹肌，抬起一侧手臂和对侧腿，慢慢伸直与地面平行；保持身体平衡。

③ 呼气，弓背，将抬起的手臂和腿向内收拢，肘关节靠近膝关节；不断重复以上动作；完成后换另一侧手臂和腿重复练习。

第二章
身材定制怎么做？

25. 静力深蹲   1 分钟

这是最常规的一种深蹲姿势，初学者可以由这个动作入门。做动作时要保证膝关节和脚尖处在同一方向，避免膝盖过度内扣或外旋。

扫一扫，看视频

注意：做这个动作时，如果下蹲到大腿与地面平行后并不吃力，可以继续下蹲。

26. 半蹲推举

这是半蹲和肩上推举的复合动作，能锻炼肩、臀、腿部肌肉和心肺功能。做动作时膝盖弯曲不要过大，背部肌肉要收紧，推举动作要规范。

1分钟

扫一扫，看视频

① 两脚打开约两倍肩宽，做深蹲动作，注意膝盖不要超过脚尖，大腿与地面平行；双手握住哑铃，双臂于身体两侧打开，大小臂呈直角，大臂与地面平行。

② 伸直双腿及双臂，同时向上挺身站立，双臂微屈向上举至与地面垂直；不断重复动作。

阶段六 · 放松　时长 2 分钟

27. 仰卧屈腿盘腿拉伸　　1 分钟

这是专门针对臀部肌肉的拉伸动作。

扫一扫，看视频

① 仰卧于垫子上，屈膝；将一只脚的脚踝搭在另一条腿的膝关节处，两臂伸直，分别按压在抬起腿的脚跟、膝关节处；保持放于脚跟处的手固定，防止抬起的腿移位，同时放在膝关节的手用力向前推压膝盖；保持动作 30 秒。

② 换另一侧腿重复练习。

扫一扫，看视频

28. 站姿大小腿后伸展

1分钟

这是专门针对大腿后群肌肉和小腿肚肌肉的拉伸动作。

① 直立；一条腿弯曲，另一条腿向前伸出、脚后跟点地；后背挺直、俯身，将双手按压在弯曲腿的膝盖上，感受伸直腿的肌肉拉伸；保持动作10秒。

② 用伸直腿同侧的手握住这条腿的前脚掌；用力向上提拉前脚掌，感受该条腿肌肉的拉伸；保持动作20秒；完成后慢慢直立身体，换另一侧腿重复练习。

性感训练计划

性感训练计划的目的是塑形,增加身体柔软度,即**打造曲线,令身材挺拔、凹凸有致**。

阶段一·热身 时长5分钟

扫一扫,看视频

1. 原地小步跑

> 下面是原地小步跑的动作分解图,做动作时要保证髋关节、膝关节、踝关节放松同时保持关节的弹性,以减少此动作对关节的伤害,达到热身目的。

① 上身挺直、肩部放松;原地小步跑,一侧膝盖向上抬起,另一侧大腿积极下压,足前掌完全着地,足跟抬起,膝盖略伸直;髋部稍有转动,两臂尽量大幅度前后摆动。

② 换另一侧腿向上抬起,并保持抬起来腿的足跟离地;不断交替重复以上动作。

第二章
身材定制怎么做?

2. 原地后踢腿

下面是原地后踢腿的动作分解图,可作为热身、心肺功能加强及大腿后群肌的练习动作。练习中要注意缓冲,保护好膝关节。

① 双手叉腰,保持躯干和身体核心稳定;一侧小腿向后踢起,尽量踢向臀部。

② 换另一侧腿向后踢起;不断交替重复以上动作。

注意:身体核心是腰、骨盆、髋关节形成的整体,是指人体的中间环节,对于人体在移动过程中保持平衡来说至关重要。

3.直膝前踢腿

下面是直膝前踢腿的动作分解图,这个动作可作为热身和心肺功能的加强练习。踢腿时要注意缓冲,不要伤到膝关节。

① 双手叉腰,保持躯干和身体核心的稳定;抬起一条腿,尽量将小腿向前弹出。

② 借助小腿弹出的惯性将大腿一同踢高,注意踢腿时要放松膝盖,最后踢击时一点发力。

注意:初学者可先从低位前踢练起,待身体柔韧度提高后再练中位、高位前踢。做完这个动作后休息一分钟,以伸展、放松肌肉。

第二章
身材定制怎么做？

阶段二·交叉混合训练 A　时长 3 分钟

4. 四方向纵跳　　30 秒

这个动作可作为热身、加强心肺功能和身体协调性训练的动作。跳跃时要注意缓冲，不要伤到膝关节和腰部。

扫一扫，看视频

正　　侧

① 身体挺直站立；稍屈膝，双臂后摆、上体前屈做起跳姿势。

正　　侧

② 全身发力，腿部蹬地向左前方跳出；然后依次向右前方、左后方、右后方跳跃；四个方向各跳一次为一组。

5. 扶墙后蹬跑

30 秒

下面是扶墙后蹬跑的分解动作，这个动作可作为热身、心肺功能锻炼及大腿前后肌群的锻炼动作。做动作时要保持躯干和身体核心的稳定，手脚配合要协调。

扫一扫，看视频

① 双手扶墙或一固定物，身体前倾呈一直条线；抬起一条腿，大腿尽量抬高，另一条腿前脚掌着地、尽量蹬直。

② 双腿交替进行快速跑步动作。

第二章
身材定制怎么做？

6. "劈柴"哑铃上举接分腿蹬起 1分钟

这个动作能锻炼肩部肌肉、臀腿肌肉和心肺功能。做动作时注意膝关节不要过分屈伸，以免造成伤害。整体动作用力不宜过猛，蹲起频率需不乱、不快，保持中速、匀速即可。

扫一扫，看视频

① 双脚分开比肩宽，做深蹲动作，膝盖不要超过脚尖，上身挺直；双臂上举，双手执一个哑铃于头顶正上方。

② 双腿用力，腰腹收紧，使身体向上直立起来，同时双臂于体前下落至自然下垂；不断重复上述动作，感觉身体好像在用打气筒给自行车胎充气一样。

7. 弓箭步交换跳 30秒

这个动作可用于热身、加强心肺功能和提高身体协调性的训练，并对大腿和腹部的肌肉有较好的训练效果。注意做动作时不要过于用力，以免造成肌肉拉伤。

① 腹部收紧、下蹲，上体保持挺直，双腿一前一后弯曲，大小腿呈直角，做弓箭步。

② 腹部收紧、双腿发力跳起，上身保持挺直，跳跃过程中前后腿交换位置。

③ 在跳跃至最高点时让双腿最大程度张开，双手放在前大腿上，后腿蹬直。

④ 落地，注意缓冲，重新回复弓箭步姿势；继续交替双腿跳跃共30秒。

第二章
身材定制怎么做？

8. 全蹲跳　　　　　　30秒

这个动作能够锻炼到臀、腿肌肉并增强身体的爆发力。做动作时要注意对身体各关节的保护，不要用力过大，以免伤害关节或拉伤肌肉。

扫一扫，看视频

① 双脚呈外八字打开，双腿弯曲、全蹲；双手放于耳后，躯干挺直。

② 收紧腰背肌，双腿发力使身体腾空跳起，跳跃过程中要始终保持躯干挺直；不断重复跳跃。

63

阶段三·交叉混合训练 B　时长 3 分 30 秒

9. 定点高抬腿　　30 秒

下面是定点高抬腿的动作分解图，这个动作可用于热身、加强心肺功能及大腿前后肌群的锻炼。动作过程中要保持躯干和身体核心的稳定，手脚配合要协调。

扫一扫，看视频

① 站立，抬起一条腿，上身保持挺直，双臂自然摆动，保持身体平衡。

② 将抬起的腿尽量上抬，使大腿与地面平行，小腿放松自然下垂；支撑腿尽量蹬直；双臂以最大幅度前后摆动。

③ 双腿交替进行原地高抬腿动作。

第二章
身材定制怎么做？

10. 伏地"超人"背肌训练

1分钟

这个动作主要训练下背肌肉和臂中肌。做动作时要注意单手单脚时异侧伸展，不要顺拐。另外，要保持身体核心的稳定和背肌的收紧，且动作幅度不宜过大。

扫一扫，看视频

① 俯卧在垫面上，双臂放在头部两侧向前伸直，双腿向后伸直。

② 同时抬起一只手臂和对侧腿，带动头部、胸部离开垫面，抬起的手臂和腿尽量向两端延展；然后慢慢放下抬起的身体各部位，换另一侧练习。

③ 抬起双臂和双腿，带动头部、胸部离开垫面，抬起的双臂和双腿尽量向两端延展；然后慢慢放下抬起的身体各部位，休息片刻。

11. 四方向纵跳 （详见本书 p.59） 　　30秒

这个动作可作为热身、加强心肺功能和身体协调性训练的动作。跳跃时要注意缓冲，不要伤到膝关节和腰部。

扫一扫，看视频

① 身体挺直站立；稍屈膝，双臂后摆、上体前屈做起跳姿势。

② 全身发力，腿部蹬地向左前方跳出；然后依次向右前方、左后方、右后方跳跃；四个方向各跳一次为一组。

注意：做完这个动作后需休息 1 分钟，平复心率、放松肌肉。

第二章
身材定制怎么做？

12. 原地持哑铃抬腿接弓箭步哑铃弯举　　　1分钟

这是一个复合动作，能够锻炼肱二头肌、臀大肌、腿部肌肉并增强心肺功能。做动作时要避免用力过度，不要猛烈弯曲膝关节，落地缓冲也要做好；另外，弯举动作要规范。

扫一扫，看视频

① 直立，双手各拿一个哑铃，双臂自然下垂于身体两侧，双腿夹紧。

② 抬起一条腿向前，直到大腿与地面平行，小腿自然下垂，脚尖下压；支撑腿全脚掌着地，用力蹬地。

③ 双腿弯曲，大小腿呈直角，上身挺直并下压做弓箭步，前屈的膝盖不要超过脚尖；同时双臂大臂夹紧，小臂向上弯曲，抬起哑铃，尽量贴近大臂；动作到位后站起、还原双臂，回复初始姿势；换另一侧重复练习。

注意：也可省略步骤②，直接做后跨弓箭步动作接哑铃弯举。

67

13. 全蹲跳　　　　　　　　　　　　　　30秒

这个动作能够锻炼到臀、腿肌肉并增强身体的爆发力。做动作时要注意对身体各关节的保护，不要用力过猛，以免伤害关节或拉伤肌肉。

扫一扫，看视频

① 双脚呈外八字打开，双腿弯曲、全蹲；双手放于耳后，躯干挺直。

② 收紧腰背肌，双腿发力使身体腾空跳起，跳跃过程中要始终保持躯干挺直；不断重复跳跃动作。

第二章
身材定制怎么做？

阶段四·交叉混合训练 C　时长 4 分钟

14. 侧向弓箭步交换　　　1 分钟

这个动作主要锻炼股四头肌的力量。训练过程中要始终保持腰、背部的挺直，身体不能前倾、弓背。

扫一扫，看视频

① 双脚并拢，臀部后坐，身体呈半蹲姿势，弯曲的膝盖不要超过脚尖，双手置于体前。

② 一侧腿屈膝、屈髋，另一侧腿伸直，呈侧弓箭步，下蹲至半蹲（大小腿夹角呈 90°）。

③ 重心回到双脚中间呈半蹲姿势，双腿不动，保持分开；再回复至初始动作；换另一侧腿重复练习。

69

15. 仰卧脚踏车

扫一扫，看视频

这个动作主要锻炼腹肌。做脚踏车动作时，双腿上抬的角度尽量控制在45°以内，不要划大圈。

1分钟

① 坐在凳子或其他固定的物体上，双手放于体后支撑身体，上体微微后仰，双脚离地；抬起一条腿，使其大腿尽量靠近身体。

② 抬起一条腿的同时，另一条腿向前、向上蹬直。

③ 两腿交替蹬出，不要划圈，以角度小、直蹬为佳。

注意：如果动作不吃力，可考虑划圈蹬出。

第二章
身材定制怎么做？

16. 悬空直腿仰卧起坐

1 分钟

扫一扫，看视频

这个动作主要锻炼腹部肌群，包括腹直肌和腹内、外斜肌。做这个动作时要缓慢，身体蜷曲时要避免颈部前伸。

① 仰卧在垫子上，双手抱头，颈部、背部挺直；双腿并拢抬起，与地面垂直。

② 呼气、挺胸，通过躯干发力使上半身卷收至与地面呈 30°；两腿呈剪刀式前后分开，伸出靠近身体一侧腿的对侧手触摸这条腿的脚踝；肩部下沉、不要耸肩；坚持 2~3 秒，慢慢还原至初始姿势。

③ 换对侧手臂、腿重复动作。

扫一扫，看视频

17. 伏地交替抬腿　　30秒

这个动作可用于热身、心肺功能训练和提高身体的协调性训练。另外，这个动作对大腿和腹部肌肉的训练也有较好的效果。

① 俯卧，双手掌支撑在地面上，双脚并拢、前脚掌踩地，身体呈一条直线，做去掉支架的支架式静力撑（详见本书 p.37）动作。

② 抬起一条腿向前，尽量使膝盖靠近甚至碰触胸部；抬腿到最大限度后，还原并换另一条腿重复动作；两条腿交替抬起，不断重复。

注意：这个动作做完后需休息 1 分钟，以稳定心率，放松关节和肌肉。

第二章
身材定制怎么做？

18. 支架式　　30秒

这是一个类似于平板支撑的肌肉训练动作，可以有效地锻炼腹横肌，被公认为训练身体核心肌群的最有效动作之一。做动作时要始终保持上身挺直，并尽可能最长时间地保持动作，使腹肌持续收缩发力以达到良好的锻炼效果。

扫一扫，看视频

俯卧，双肘窝相对，双手掌支撑在地面上，肩膀和肘关节垂直于地面；双脚打开与肩同宽，前脚掌撑地；躯干伸直，头部、肩部、胯部和脚踝保持在同一平面；收紧腹肌、盆底肌，保持腹肌的持续收缩发力；脊椎延长，眼睛看向地面；保持均匀呼吸。

注意：若做此动作感觉并不吃力，可以将一只手臂或一条腿抬起，与地面平行。若还能再增加难度，可同时抬起一只手臂及对侧腿。

阶段五·伸展 时长 2 分钟

扫一扫，看视频

19. 仰卧屈腿盘腿拉伸　　　　　　　　　　　1 分钟

这是专门针对臀部肌肉的拉伸动作。

① 仰卧于垫子上，屈膝；将一只脚的脚踝搭在另一条腿的膝关节处，两臂伸直，分别按压在抬起腿的脚跟、膝关节处；保持放于脚跟处的手固定，防止抬起的腿移位，同时放在膝关节的手用力向前推压膝盖；保持动作 30 秒。

② 换另一侧腿重复练习。

第二章
身材定制怎么做？

20. 下背伸展

这是专门拉伸下背部肌肉的动作。

1分钟

扫一扫，看视频

双膝、双脚并拢，跪于垫子上；上身向前、向下弯曲，尽量使头部碰触垫子；双臂尽量向前延伸，臀部尽量后坐。

紧致训练计划

紧致训练计划的目标是塑形、增强力量，**即追求紧致肌肉与身体曲线的完美结合，并让人充满力量感。**

阶段一·热身　时长 5 分钟

1. 前弓箭步行进　　　　　　　　　　2 分钟

这是将弓箭步与向前行进结合的动作，可以用于热身和增强身体协调性的锻炼。做动作时不要太快，以免伤到膝关节。

① 直立，双手叉腰；身体稍向前倾，抬起一条腿向后摆。

② 将抬起的腿向前、向上提，使大小腿于体前呈直角，大腿与地面平行；身体回复直立，上体与支撑腿呈一条直线。

③ 腹部收紧，抬起腿垂直下落，上体保持挺直并下蹲至支撑腿的膝盖触地；动作到位后再站起，换另一条腿重复练习，慢慢向前行进。

2. 直膝前踢腿

3 分钟

下面是直膝前踢腿的动作分解图，这个动作可作为热身和心肺功能的加强练习。踢腿时要注意缓冲，不要伤到膝关节。

① 双手叉腰，保持躯干和身体核心的稳定；抬起一条腿，尽量将小腿向前弹出。

② 借助小腿弹出的惯性将大腿一同踢高，注意踢腿时要放松膝盖，最后踢击时一点发力。

注意：初学者可先从低位前踢练起，待身体柔韧度提高后再练中位、高位前踢。做完这个动作后休息1分钟，以伸展、放松肌肉。

阶段二·交叉混合训练 A　时长 5 分钟

3. 支架式单边臂屈伸　　　1 分钟

这个动作是对肩部稳定性、肌耐力和腹外斜肌的训练，做动作时腰部和身体的躯干要收紧，转体幅度不宜过大，保持好身体的平衡，避免因重心不稳出现摔倒、受伤的情况。

扫一扫，看视频

① 双肘窝相对，双手掌支撑在地面上，双脚打开与肩同宽，保持身体头部、肩部、胯部和踝部在同一平面，做支架式（详见本书 p.73）动作。

② 抬起一只手臂向上伸展，身体稍向外转，使两手臂在同一直线上，眼睛看向上面手臂；保持动作 3~5 秒后，还原至初始动作；换另一侧手臂重复练习。

第二章
身材定制怎么做？

4. 单腿支撑接二头弯举　　1 分钟

这个动作能够锻炼身体的核心肌群力量和肱二头肌力量，做动作时要注意身体支撑的稳定性和弯举动作的规范性，否则容易导致重心不稳或肌肉拉伤。

扫一扫，看视频

① 直立，双臂垂于体侧，双手各拿一个哑铃；抬起一条腿，大、小腿呈直角，脚尖下压，大腿与地面平行。

② 保持身体姿势不动，大臂夹紧，小臂向上弯举，尽量贴近大臂；动作到位后缓缓放下小臂，回复至初始动作；小臂再次向上弯举，重复练习。

5. 站姿抬腿肩上推举

1 分钟

这个动作能锻炼核心力量、肩部力量和腿部肌肉耐力。做动作时要注意保持身体核心的稳定,尽量不要晃动,并保证肩上推举动作的规范性。

扫一扫,看视频

正　　侧

① 直立,双手各拿一个哑铃带动双臂由身体两侧向上举起,直至大臂与地面平行,大小臂垂直;再抬起一条腿至大腿与地面平行,大腿、小腿呈直角。

正　　侧

② 保持身体直立不动,双臂发力,将哑铃向上推举至最高点,肘关节微屈;动作到位后缓缓放下手臂,回复至初始动作;再次推举,重复练习。

第二章
身材定制怎么做？

6. 定点高抬腿　　30秒

下面是定点高抬腿的动作分解图，这个动作可用于热身、加强心肺功能及大腿前后肌群的锻炼。动作过程中要保持躯干和身体核心的稳定，手脚配合要协调。

扫一扫，看视频

① 站立，抬起一条腿，上身保持挺直，双臂自然摆动，保持身体平衡。

② 将抬起的腿尽量上抬，使大腿与地面平行，小腿放松自然下垂；支撑腿尽量蹬直；双臂以最大幅度前后摆动。

③ 双腿交替进行原地高抬腿动作。

7. 哑铃屈腿硬拉

扫一扫，看视频

这个动作能锻炼腰、臀、腿部肌肉，做动作时要收紧背肌、微屈膝关节，以免造成腿部肌肉拉伤。另外，做动作的速度和节奏要平缓。

1分钟

① 双脚分开与肩同宽；后背挺直、前倾，上身与地面平行；双臂自然垂落，双手各拿一个哑铃；微屈膝，眼睛看向前方。

② 呼气，保持上身挺直，不要弓背；腰腹发力抬起上身至直立状态，膝盖不要完全绷直；吸气向下，重复动作。

第二章
身材定制怎么做？

8. 原地支撑单双脚交换跳 　30秒

这个动作能锻炼腰、腹力量，使腰、腹收紧。做动作时要注意对肘关节和腰部的保护，身体核心要保持稳定，避免歪斜、摔倒。

扫一扫，看视频

① 双手撑地、双脚并拢，做支架式（详见本书 p.73）；一条腿向前大跨一步至胸前，同时另一条腿蹬地跳跃。

② 起身跳跃的同时双腿互换位置；交替跳跃。

③ 交替跳跃完毕，后腿向前迈一大步，双腿收至胸前；放松休息。

阶段三·交叉混合训练 B　时长 6 分钟

扫一扫，看视频

9. 交叉后跨弓箭步　　　　　　　　　　　3 分钟

这个动作能锻炼臀部和腿部肌肉。做动作时要保持身体稳定，同时前屈的膝关节不能超过脚尖。

① 直立，双手叉腰；抬起一条腿，使大腿与地面平行，大小腿呈直角，脚尖绷直向下。

② 将抬起的腿后摆，身体稍向前倾。

③ 腹部收紧，身体保持挺直并下蹲，前大腿保持与地面平行，大小腿呈直角，后腿膝盖触地；动作到位后回复直立状态。

第二章
身材定制怎么做？

10. "劈柴"哑铃上举接分腿蹬起

3 分钟

这个动作能锻炼肩部肌肉、臀腿肌肉和心肺功能。做动作时注意膝关节不要过分屈伸，以免造成伤害。整体动作用力不宜过猛，蹲起频率需不乱、不快，保持中速、匀速即可。

扫一扫，看视频

① 双脚分开比肩宽，做深蹲动作，膝盖不要超过脚尖，上身挺直；双臂上举，双手执一个哑铃于头顶正上方。

② 双腿用力，腰腹收紧，使身体向上直立起来，同时双臂于体前下落至自然下垂；不断重复上述动作，感觉身体好像在用打气筒给自行车胎充气一样。

阶段四·交叉混合训练 C　时长 5 分钟

扫一扫，看视频

11. 俄罗斯旋转　　　　　　　　　　　　　　　1 分钟

这个动作能锻炼到左右腹的内、外斜肌。

① 坐在垫上，双脚离地，单腿屈膝、屈髋、交替抬腿收至胸前；同时双手徒手或持球左右转动，眼睛看手。

② 身体绕垂直轴左右转体，不要弓背。

第二章
身材定制怎么做？

12. 卷腹抱球触脚尖　　　　　　　1分钟

这个动作能锻炼腹直肌力量，做动作时背部要紧贴地面，脖子肌肉不要过分紧张。

扫一扫，看视频

① 仰卧于垫子上，双腿并拢、抬起，与地面垂直；双手抱球带动双臂抬至与地面垂直；脖子、头部放松。

② 卷腹，双手抱球去触碰脚尖。

13. 跪撑躯干挺身

1分钟

这个动作有助于背部肌肉的放松，并能激活臀大肌、腘绳肌。做动作时要保持两肩下沉，不要耸肩。

扫一扫，看视频

① 双膝并拢，跪在垫子上，双臂伸直撑地，使双手和双腿分别位于肩关节和髋关节的正下方。

② 吸气，收缩腹肌，抬起一侧手臂和对侧腿，慢慢伸直与地面平行；保持身体平衡。

③ 呼气，弓背，将抬起的手臂和腿向内收拢，肘关节靠近膝关节；不断重复以上动作；完成后换另一侧手臂和腿重复练习。

第二章
身材定制怎么做？

14. 垫上支撑定点爬

这个动作能锻炼身体核心肌群的力量和肩部力量，使腰部收紧。练习时腰背要挺直，爬行时切勿速度过快。

1分钟

扫一扫，看视频

① 双脚分开与肩同宽，站在垫子的一端，保持身体核心的稳定。

② 稍屈腿，保持后背挺直，向前弯曲腰部，双手接触垫面。

③ 用双手在垫子上慢慢向前爬行，直至双腿伸直，双脚前脚掌蹬地，脚跟抬起。

④ 慢慢放下腰部、臀部，使身体呈一条直线，继续以双手、双脚前脚掌撑地；之后按原路爬回至初始姿势；不断重复动作。

89

15. 站姿哑铃肩上推

1 分钟

这个动作能锻炼身体核心力量、肩部力量和肌耐力。做动作时要注意身体核心的稳定,尽量不要晃动,并保证肩上推举动作的规范性。

扫一扫,看视频

① 直立,双脚分开与肩同宽;双手各拿一个哑铃带动双臂在体侧向上举起,大、小臂垂直,大臂与地面平行。

② 保持身体直立不动,双臂发力,将哑铃向上推举至最高点,肘关节微屈;动作到位后缓缓放下手臂,回复至初始动作;再次推举,重复练习。

第二章
身材定制怎么做？

阶段五·伸展 时长 3 分钟

16. 站姿大小腿后伸展 1 分钟

这是专门针对大腿后肌肉群和小腿肚肌肉的拉伸动作。

扫一扫，看视频

① 直立；一条腿弯曲，另一条腿向前伸出、脚后跟点地；后背挺直、俯身，将双手按压在弯曲腿的膝盖上，感受伸直腿的肌肉拉伸感；保持动作 10 秒。

② 用伸直腿同侧的手握住这条腿的前脚掌；用力向上提拉前脚掌，感受该条腿肌肉的拉伸；保持动作 20 秒；完成后慢慢直立身体，换另一侧腿重复练习。

扫一扫，看视频

17. 下背伸展

这是专门拉伸下背部肌肉的动作。

1分钟

双膝、双脚并拢跪于垫子上；上身向前、向下弯曲，尽量使头部碰触垫子；双臂尽量向前延伸，臀部尽量后坐。

第二章
身材定制怎么做?

> 18. 仰卧屈腿盘腿拉伸 1分钟
>
> 这是专门针对臀部肌肉的拉伸动作。

扫一扫,看视频

① 仰卧于垫子上,屈膝;将一只脚的脚踝搭在另一条腿的膝关节处,两臂伸直,分别按压在抬起腿的脚跟、膝关节处;保持放于脚跟处的手固定,防止抬起的腿移位,同时放在膝关节的手用力向前推压膝盖;保持动作30秒。

② 换另一侧腿重复练习。

第二章
身材定制怎么做？

局部训练计划

这一训练计划是为了解决身材局部的缺陷而制订的，可以使大家在保有原本训练计划的基础上，更具针对性地改善局部身材的不完美。每个部位的练习都需 15 分钟，锻炼者要有计划、有针对性地对特定部位进行组合或重点训练。如果不做全身训练，只做单独或组合的局部训练，锻炼者需结合 30 分钟有氧训练作为热身。

在开始进行局部健身的计划之前，我们要清楚地知道自己的哪些部位不够完美，这样才能够更有针对性。下面为大家提供了一组图片，用于对照自身找出不完美之处。

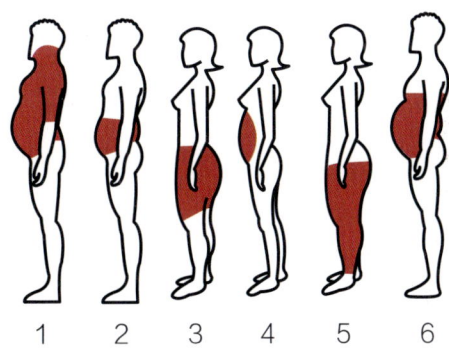

图 1 训练计划：混合力量热身 + 肩 + 背 + 腹 + 心肺
图 2 训练计划：混合力量热身 + 腹 + 心肺
图 3 训练计划：混合力量热身 + 臀 + 腿 + 心肺
图 4 训练计划：混合力量热身 + 腹 + 心肺
图 5 训练计划：混合力量热身 + 臀 + 腿 + 心肺
图 6 训练计划：混合力量热身 + 背 + 腹 + 心肺

根据上图中的文字说明，如果你有相对应位置（即红色区域）的肥胖或者臃肿，就可以进行针对性的练习了，真正做到"哪里不完美练哪里"。其中，混合力量热身的目的是使我们在开始局部训练之前，进行多关节参与的大肌群复合训练；而心肺功能训练则是为了提高心肺功能，使自己的体能能够跟得上训练强度，这一步可以根据自身情况进行增减。另外，腹、腰、腿肥胖的朋友，不仅可以加强相应部位的训练，还可以循序渐进地结合窈窕、性感、紧致这三个训练计划进行训练，或补充 30 分钟有氧训练也可以。

肩、胸、背、臀、腿混合力量热身　5分钟/组，做3组

1. 单腿支撑接二头弯举　　　　　　　　　　　　1分钟

这个动作能够锻炼身体的核心肌群力量和肱二头肌力量，做动作时要注意身体支撑的稳定性和弯举动作的规范性，否则容易导致重心不稳或肌肉拉伤。

扫一扫，看视频

① 直立，双臂垂于体侧，双手各拿一个哑铃；抬起一条腿，大、小腿呈直角，脚尖下压，大腿与地面平行。

② 保持身体姿势不动，大臂夹紧，小臂向上弯举，尽量贴近大臂；动作到位后缓缓放下小臂，回复至初始动作；小臂再次向上弯举，重复练习。

第二章
身材定制怎么做？

2. 健身球交替俯卧撑　　　　　　　　1分钟

练习这个动作能增强身体核心和肩部的稳定性，有效锻炼胸部肌肉。做俯卧撑时动作要规范，肘关节不要伸得过直，微屈即可。

扫一扫，看视频

① 双手打开两倍肩宽，一手撑地，一手按压健身球；双脚跟并拢，臀部、腿部夹紧；集中注意力，感受自己的胸大肌的收缩。

② 弯曲双臂，使身体下沉至撑地手臂的大小臂呈直角；然后缓缓伸直双臂，回复初始动作。

③ 回复动作同时交换球的位置，然后继续做俯卧撑；重复练习1分钟。

扫一扫，看视频

3. 窄距俯卧撑 （详见本书 p.43） 1 分钟

收缩胸大肌，同时弯曲双臂，使身体下沉至大小臂呈直角；然后缓缓伸直双臂，回复至初始动作；不断重复以上动作。

扫一扫，看视频

4. 半蹲推举 （详见本书 p.52） 1 分钟

① 双脚打开约两倍肩宽，做深蹲动作，注意膝盖不要超过脚尖，大腿与地面平行；双手握住哑铃，双臂于身体两侧打开，大小臂呈直角，大臂与地面平行。

② 伸直双腿及双臂，同时向上挺身站立，双臂微屈向上举至与地面垂直；不断重复动作。

第二章
身材定制怎么做？

5. 俯卧撑单手哑铃提拉　　　　　1分钟

这个动作主要锻炼斜方肌的力量。训练过程中要保持身体平直，不能弓背借力，且肘关节应尽量贴紧身体。

扫一扫，看视频

① 双肘窝相对，双手打开与肩同宽，一手撑支架，一手撑哑铃；双脚打开与肩同宽，前脚掌撑地，保持身体各部位在同一平面。

② 抬起拿哑铃的手臂，将哑铃提拉至腰间，身体其他部位保持不动。

③ 继续抬起手臂向上伸展，身体稍向外转，使两手臂在同一直线上，眼睛看向上面手臂的方向；保持动作3~5秒后，还原至初始动作；换另一侧手臂重复练习。

一组混合力量热身动作做完后需休息30秒，再开始下一组练习，共做3组。

肩形塑造 4分钟/组，做3组

1. 相扑蹲式侧平举　　　1分钟

这是一个需要借助哑铃完成的复合动作，能够锻炼肩部、腿部和臀部肌肉。做动作时注意膝关节弯曲角度不宜过大，至大小腿呈直角即可；双肩侧平举动作要规范、平直。

扫一扫，看视频

① 双腿分开约两倍肩宽，上身挺直，双手持哑铃，双臂于体前自然下垂。

② 收紧腹部，脚尖朝外下蹲至大小腿呈直角，弯曲的膝关节不超过脚尖，同时双臂向身体两侧上举直至与地面平行；动作到位后恢复初始姿势。

注意：哑铃是常用的辅助工具，我们锻炼时需根据训练计划中出现的组数、次数和个人训练水平、训练周期、即时状态选择器材重量。选择原则是重量和自身力量相适宜，勿盲目追求大重量或一味避重就轻。

第二章
身材定制怎么做？

2. 站姿哑铃飞鸟

这个动作能锻炼三角肌的力量。站立准备时肘关节要微屈，训练过程中身体不要晃动借力，不要耸肩。

1分钟

扫一扫，看视频

① 直立，双臂微屈、双手各执一哑铃垂于身体两侧；双脚打开与肩同宽。

② 腰腹收紧，身体其他部位保持不动，双臂侧平举至与地面平行；动作到位后缓缓放下双臂；重复以上动作1分钟。

扫一扫，看视频

3. 站姿抬腿肩上推举　（详见本书 p.80）　1分钟

① 直立，双手各拿一个哑铃带动双臂由身体两侧向上举起，直至大臂与地面平行，大小臂垂直；再抬起一条腿至大腿与地面平行，大腿、小腿呈直角。

② 保持身体直立不动，双臂发力，将哑铃向上推举至最高点，肘关节微屈；动作到位后缓缓放下手臂，回复至初始动作；再次推举，重复练习。

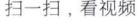

扫一扫，看视频

4. 支架式静力撑　（详见本书 p.37）　1分钟

俯卧，双肘窝相对，双手握住支撑在地面上的支架，肩膀和肘关节垂直于地面，双脚并拢脚尖踩地；躯干伸直，头部、肩部、胯部和踝部保持在同一平面；收紧腹肌、盆底肌，保持腹肌的持续收缩发力；延展脊椎，眼睛看向地面；保持均匀呼吸。

一组肩形塑造的动作做完后需休息30秒，再开始下一组练习，共做3组。

第二章
身材定制怎么做？

背部塑形　2分30秒/组，做3组

1. 跪撑躯干挺身　（详见本书 p.40）　　　1分钟

扫一扫，看视频

吸气、挺胸，慢慢抬高对侧的手臂和腿至水平位置；呼气，将手臂和腿向内侧收拢；动作完成后慢慢还原至初始动作，换手臂和腿重复练习。

2. 支架式单边臂屈伸　（详见本书 p.78）　　　30秒

扫一扫，看视频

抬起一只手臂向上伸展，身体稍向外转，使两手臂在同一直线上，眼睛看向上面手臂的方向；保持动作3~5秒后，还原至支架式动作；换另一侧手臂重复练习。

103

3. 单腿支撑雁式平衡

扫一扫，看视频

双臂提哑铃做划船动作能锻炼身体核心肌群力量及背部肌肉。做动作时要注意身体核心的稳定，不要晃动，双臂划船动作要规范。

1分钟

① 上半身保持挺直，前倾至与地面平行；向后抬起一条腿与上半身呈一条直线，与地面平行；两臂自然下垂，双手各执一哑铃。

② 保持身体其他部位不动，大臂夹紧，双臂发力将哑铃提起，至大、小臂垂直，大臂与地面平行；动作到位后慢慢放下哑铃回复至初始动作；重复动作30秒；再换另一侧腿练习30秒。

一组背部塑形动作做完后需休息30秒，再开始下一组练习，共做3组。

第二章
身材定制怎么做？

腹部燃脂 4分30秒/组，做3组

1. 卷腹抱球触脚尖 （详见本书 p.87） 1分钟

扫一扫，看视频

仰卧于垫子上，双腿并拢、抬起与地面垂直；双臂抱住健身球触碰脚尖；脖子、头部放松。

2. 俄罗斯旋转 （详见本书 p.86） 1分钟

扫一扫，看视频

坐在垫子上，双脚离地，单腿屈膝、屈髋、交替抬腿收至胸前，双手徒手或持球左右转动。

105

扫一扫，看视频

3. 支架式　（详情见本书 p.73）　　30 秒

俯卧，双肘窝相对，双手掌支撑在地面上，肩膀和肘关节垂直于地面；双脚打开与肩同宽，前脚掌撑地；躯干伸直，头部、肩部、胯部和踝部保持在同一平面；收紧腹肌、盆底肌，保持腹肌的持续收缩发力；脊椎延长，眼睛看向地面；保持均匀呼吸。

扫一扫，看视频

4. 侧边平衡　（详见本书 p.32）　　1 分钟

腹部发力，同时抬起腰、腹、腿，仅用一侧手肘与脚支撑身体，保持动作 30 秒；之后缓缓放下身体，不断重复动作。

第二章
身材定制怎么做？

5. 坐姿转体投篮

这个动作能锻炼腹外斜肌。做动作时要保证身体核心稳定及投篮动作规范。

1 分钟

扫一扫，看视频

① 坐在垫子上，屈一侧的膝盖和髋部，腰背挺直，直臂拿住篮球前平举；向屈起腿的对侧斜下方移动篮球至腰侧，眼睛看向篮球，身体同时扭转，腰背挺直。

② 再向另一侧斜上方做投篮动作，眼睛看向篮球，身体同时扭转，腰背挺直；动作到位后换另一侧重复练习。

一组腹部燃脂的动作做完后需休息 30 秒，再开始下一组练习，共做 3 组。

谢/老/师/小/提/示
你会做腹桥吗？

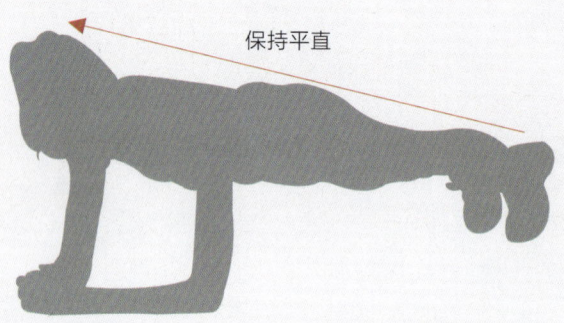

保持平直

正确姿势

腹桥是以双脚和双臂（小臂）支撑身体，使腹肌长时间收缩的训练动作。

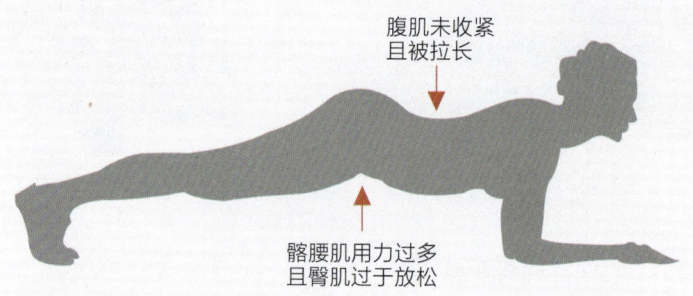

腹肌未收紧
且被拉长

髂腰肌用力过多
且臀肌过于放松

错误姿势

虽然腹桥看起来不难，但有些要点还需注意，否则达不到应有的训练效果：

1. 不要塌腰，塌腰会使腹部放松，并拉长腹肌；
2. 臀部不能高高翘起，臀部翘起说明臀肌过于放松，会使髂腰肌紧张。

第二章
身材定制怎么做？

臀部提拉　4分30秒/组，做3组

1. 仰卧提臀　（详见本书 p.39）　　1分钟

扫一扫，看视频

肩膀放松，双腿夹紧，同时收腹、提臀，使大腿后侧、臀部、后背肌肉收紧，身体呈平板状；保持动作 2~3 秒后还原至初始动作。

2. 交叉后跨弓箭步　（详见本书 p.84）　　1分钟

扫一扫，看视频

① 将抬起的腿后摆，上体稍向前倾并与腿呈一条直线。

② 腹部收紧，身体保持挺直并下蹲，前大腿保持与地面平行，大小腿呈直角，后腿膝盖触地；动作到位后回复直立状态。

109

3. 弓箭步交换跳　　30秒

这个动作可用于热身、心肺功能训练和提高身体协调性的训练，并对大腿和腹部的肌肉有较好的训练效果。注意做动作时不要过于用力，以免造成肌肉拉伤。

扫一扫，看视频

① 腹部收紧、下蹲，上体保持挺直并下蹲，双腿一前一后弯曲，大小腿呈直角，做弓箭步。

② 腹部收紧、双腿发力跳起，上身保持挺直，跳跃过程中前后腿交换位置。

③ 在跳跃至最高点时让双腿最大限度地张开，双手放在前腿的大腿上，后腿蹬直。

④ 落地，注意缓冲，重新做回弓箭步姿势；继续交替双腿跳跃共30秒。

第二章
身材定制怎么做？

4. 侧弓箭步转体　　　　　　　　　　　　　1分钟

这个动作能锻炼身体核心肌群的力量和臀、腿肌肉的力量。做动作时要注意膝盖下压角度不要过大且不要超过脚尖，大小腿呈直角即可。

扫一扫，看视频

① 双脚分开，臀部后坐，身体呈半蹲姿势；前屈的膝盖不要超过脚尖；双手于体前抱球。

② 一侧腿屈膝、抬起，并向外跨出一大步；身体其他部位保持不动。

③ 落腿后呈侧弓箭步姿势，同时转体，身体带动手臂转向弓起的一侧腿的方向，小臂与大腿平行，另一侧腿蹬直；收回腿呈半蹲姿势，回复初始动作；换另一侧腿重复练习。

5. 侧卧直腿举腿前后绕环训练

1 分钟

这个动作是针对臀中肌的训练。做动作时身体要紧贴垫面，且腿部动作幅度不宜过大，以免扭伤腿部关节。

扫一扫，看视频

① 伸直一条手臂侧卧于垫面上，将头部枕于该条手臂上，另一条手臂自然放在身体上；双腿弯曲。

② 抬起上面的一条腿并伸直，与地面呈 45°，身体其他部位保持不动，紧贴垫面。

③ 抬起腿以大腿根部为圆心画圆，幅度不宜过大，动作不宜过快；画圆后慢慢放下腿，回复初始姿势；换另一侧腿重复练习。

一组臀部提拉的动作做完后需休息 30 秒，再开始下一组练习，共做 3 组。

第二章
身材定制怎么做？

腿部训练　3 分 30 秒 / 组，做 3 组

1. 侧向弓箭步交换　（详见本书 p.33）　　1 分钟

扫一扫，看视频

① 双脚并拢，臀部后坐，身体呈半蹲姿势，膝盖不要超过脚尖，双手置于体前。

② 一侧腿屈膝、屈髋，另一侧腿伸直，呈侧弓箭步下蹲至极限；动作到位后换另一侧腿重复动作。

2. 半蹲起　（详见本书 p.38）　　1 分钟

扫一扫，看视频

双脚自然开立与肩同宽，呼气、膝关节弯曲，下蹲至大小腿呈直角，同时双臂向前抬起；动作到位后还原至站立姿势；重复该动作 1 分钟。

113

3. 半蹲跳 30秒

这个动作能锻炼臀、腿肌肉并增强心肺功能。做动作时注意膝关节不要弯曲过度，且前屈时不要超过脚尖，落地时要有缓冲，以免受伤。

扫一扫，看视频

① 双脚自然开立比肩稍宽，下蹲至大小腿呈直角，同时双臂于体前相对，做深蹲动作。

② 腰背挺直，腿部发力向上跳起后蹬直，同时双臂向后甩开助力；落地时注意缓冲，回复初始姿势；重复该动作30秒。

第二章
身材定制怎么做？

4. 四方向纵跳 （详见本书 p.36） 30 秒

扫一扫，看视频

① 身体挺直站立；稍屈膝，双臂后摆做起跳姿势。

② 全身发力，腿部蹬地向左前方跳出；然后依次重复以上动作向右前方、左后方、右后方跳跃；四个方向各跳一次为一组；重复动作 30 秒。

5. 弓箭步交换跳 （详见本书 p.62） 30 秒

扫一扫，看视频

① 腹部收紧、下蹲，上体保持挺直，双腿一前一后弯曲，大小腿呈直角，做弓箭步。

② 双腿发力跳起，同时双腿交换位置，双手放在前侧的大腿上，后腿蹬直；落地时注意缓冲，重复动作 30 秒。

一组腿部训练的动作做完后需休息 30 秒，再开始下一组练习，共做 3 组。

心肺增强 3 分钟 / 组,做 3 组

扫一扫,看视频

| 1. 跳绳 | 1 分钟 |

这个动作是对心肺耐力和小腿肌耐力的训练,也是对全身协调性的综合训练。

直立,双手执绳两端,双臂自然伸展于腰侧,做跳绳运动。或模拟跳绳。

第二章
身材定制怎么做？

2. 半蹲跳 （详细见本书 p.114） 30 秒

扫一扫，看视频

① 双脚自然开立比肩稍宽，下蹲至大小腿呈直角，同时双臂于体前相对，做深蹲动作。

② 腰背挺直，腿部发力向上跳起后蹬直，同时双臂向后甩开助力；落地时注意缓冲，回复初始姿势；重复该动作 30 秒。

3. 弓箭步交换跳 （详见本书 p.62） 30 秒

扫一扫，看视频

① 腹部收紧、下蹲，上体保持挺直，双腿一前一后弯曲，大小腿呈直角，做弓箭步。

② 双腿发力跳起，同时双腿交换位置，双手放在前侧的大腿上，后腿蹬直；落地时注意缓冲，重复动作 30 秒。

117

扫一扫，看视频

4. 四方向纵跳　（详见本书 p.36）　　30 秒

① 身体挺直站立；稍屈膝，双臂后摆做起跳姿势。

② 全身发力，腿部蹬地向左前方跳出；然后依次重复以上动作向右前方、左后方、右后方跳跃；四个方向各跳一次为一组；重复动作 30 秒。

扫一扫，看视频

5. 全蹲跳　（详见本书 p.68）　　30 秒

腰背肌收紧，双腿发力使身体由全蹲姿势腾空跳起，跳跃过程中要始终保持腰背挺直。

一组心肺增强动作做完后需休息 30 秒，再开始下一组练习，共做 3 组。

Chapter 2
第二节

黎明九健①：健身器械辅助训练

很多朋友不满足于在家徒手健身，也会去健身房做一些器械训练。虽然我强调利用自身重力做力量练习是进行健身最基础、最扎实的方式，但是健身房的训练也是必不可少的。原因有两点：首先，健身房有专业的健身教练指导，可以让我们的动作更规范，健身计划更合理；其次，在健身房中，有很多志同道合的朋友一起运动，相互监督、相互帮助，能增加我们的积极性。

很多想要减脂的朋友存在一个知识误区，认为只进行有氧训练就能够燃脂、减肥，而力量训练是无足轻重的，殊不知力量训练对减脂也有很大的作用。因此，无论我们想要达到增肌、减脂、塑形、增加力量、提升柔软度这其中哪几个目的，都要将有氧训练与力量训练结合起来。只有这样，健身效果才能更加明显。

这里还要说一下，很多人认为"黎明九健"是区别于"艺术塑形"的"分部位孤立健美训练"，其实不然，它也是有机地遵循对抗肌群和协同肌群、弱势部位和优势部位等原理，运用自由重量（哑铃、壶铃、杠铃等）联合器械训练进行各部位肌群的整体"雕刻"训练。对增肌、塑形等目标有功能性训练之外的辅助意义，也是功能性训练中的技术手段之一。不追求更高阶训练效果的朋友可以仅根据艺术塑形中的内容徒手健身，反之，则可进入黎明九健阶段或将其作为艺术塑形的补充进阶。**注意，黎明九健的训练内容不需要叠加或混合于艺术塑形训练中**。同时，我们做每组动作时，应根据所选择的器械重量适当增减每组动作次数和每组间歇时间，不可强行突破，以免造成身体受伤。

---

① 黎明九健，就是谢黎明在健身房中用联合器械和自由重量器械，把大众审美集中关注的身材重点划分为九个训练部位，针对性地进行相对独立和"孤立"的健身训练的计划。

第二章
身材定制怎么做？

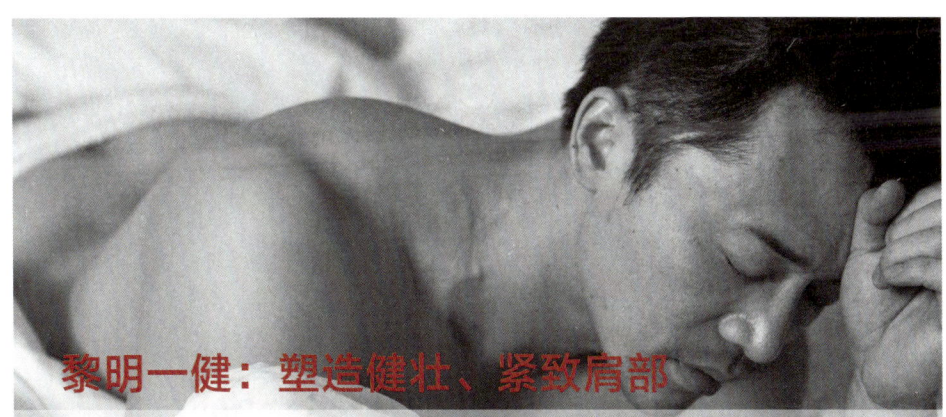

黎明一健：塑造健壮、紧致肩部

我们的肩膀在每一个有关上半身的动作中都扮演着重要的角色。发达的三角肌可以让你的肩膀看起来更厚实，强壮的肩膀对于人们的运动、身体的健康及平衡性是至关重要的。

阶段一·热身 时长4分钟

扫一扫，看视频

1. 运动员摆臂模拟训练　　　　　　　　　　　　1分钟

　　两脚前后跨立，双膝微屈；双臂前后摆动，模拟短跑运动员的摆臂动作。

2. 游泳摆臂模拟训练　　　　　　　　　　　　1分钟

　　两脚前后跨立，双膝微屈；双臂摆动，分别模拟游泳运动员做三种泳姿（蛙泳、仰泳、自由泳）的摆臂动作。

3. 直臂绕环　　　　　　　　　　　　1分钟

　　两脚打开与肩同宽，双膝微屈；双臂分别向前、后进行绕环动作，绕环幅度由小到大，动作不宜过快。

4. 爬墙　　　　　　　　　　　　1分钟

　　两脚打开与肩同宽，双膝微屈，双臂微屈，双手抵墙，利用手臂力量使身体从肩膀高度向上爬到身体能达到的最大高度；然后慢慢回复初始姿势，再不断重复动作。

阶段二·力量训练

1. 哑铃前平举 40~60秒/组，8~12次/组，4~6组

这个动作能够锻炼我们的上胸、三角肌前束、三角肌中束和上背肌群。在整个动作的练习过程中，思想要集中在收缩的肌肉群上，靠意念来控制肌群发力。

扫一扫，看视频

① 身体自然站立，双脚打开同肩宽；双手持哑铃垂于身体两侧，双臂微屈；躯干挺直。

② 身体其他部位保持不动，双臂、胸部肌肉发力，将哑铃向前上方举起，直至与视线平行，拳眼相对；之后还原至初始动作，不断重复以上动作。

第二章
身材定制怎么做？

2. 哑铃侧平举

40~60秒/组，8~12次/组，4~6组

这个动作能够锻炼我们的上胸、三角肌前束、三角肌中束和上背肌群。在整个动作的练习过程中，思想要集中在收缩的肌肉群上，靠意念来控制肌群发力。

① 身体自然站立，双脚打开同肩宽；双手持哑铃垂于身体两侧，双臂微屈；躯干挺直。

② 身体其他部位保持不动，双臂、胸部肌肉发力，将哑铃向两侧举起，直至完全侧平举，双臂与地面平行；保持动作2~3秒；之后还原至初始动作，不断重复以上动作。

3. 站姿哑铃俯身飞鸟 40秒~60秒/组，8~12次/组，4~6组

这个动作能够锻炼我们的后肩肌群，包括最难练的三角肌后束，并且对背阔肌、斜方肌、冈下肌和大圆肌都有明显的刺激作用。要特别提醒的是，双手持哑铃时拳眼相对做飞鸟动作对三角肌后束的刺激尤为明显。

① 双脚并拢，双膝微屈，俯身；上体前平屈，头部前探，保持颈部与背部在同一水平线上；双手各持一哑铃，垂于胸前；吸气，同时收缩背部肌群，双肩发力向两侧提肘、展肩、举臂、挥腕，慢慢将哑铃高举。

② 继续以上动作，将哑铃举至与双肩平行或略比肩高，使背部中间肌肉有明显收缩的感觉；掌握住身体平衡，保持动作，令背部肌群充分收缩；2~3秒后，呼气，背部慢慢放松，慢慢放下哑铃，还原至初始动作；不断重复以上动作。

4. 斯科特举

40~60秒/组，8~12次/组，4~6组

这个动作能综合刺激肩部三角肌的前、中、后束，它以创造出此动作的健美巨星斯科特命名。做动作时要保持躯干及身体核心的稳定，避免运动轨迹过大并需保持动作流畅；动作过程中要集中注意力感受双肩前、中、后束肌肉的收缩，以及背部中间肌肉的明显收缩和伸展。我们要根据所做的次数选择器械重量，不要超过身体承受能力。

① 双腿并拢站立；双手持铃抬肘过头合拢，保持大臂平行于地面，大、小臂垂直。

② 双手持铃提肘、展肩、举臂、挥腕，双臂向外侧打开，身体各部位在一个平面内。

5. 三角肌后束拉伸   30~60秒

这个是专门针对肩部肌肉和三角肌后束肌肉的拉伸动作。

身体自然站立,双肩下压,保持躯干稳定;将一条手臂横向拉直放在胸前,另一条手臂抬起并扣住横向手臂的肘关节,感受三角肌后束的拉伸,保持自然呼吸;保持动作一段时间后换另一侧练习。

第二章
身材定制怎么做？

6. 站姿杠铃颈前、颈后绕举 40~60秒/组，8~12次/组，4~6组

这个动作主要锻炼我们的肩部肌群，对三角肌前束、中束的刺激尤为明显。做动作时两腿需前后站立以保证动作稳定，上体要始终保持挺直，不要借助上体的摆动或躯干的力量来举起杠铃。

扫一扫，看视频

① 双腿分开，双脚略呈前后站立；上体保持挺直；双手握住杠铃放在颈前。

② 保持身体其他部位不动，挺胸、收腹、紧腰；肩部肌肉发力，推起杠铃至头部正上方，双臂不要伸直；保持动作2~3秒。

③ 动作到位后再将杠铃缓缓绕至颈后，再慢慢还原至初始动作；不断重复以上动作。

注意：初学者可仅做①②，将杠铃推高至双臂微屈即可。

7. 坐姿杠铃颈前、颈后绕举　（40~60秒/组，8~12次/组，4~6组）

这个动作主要锻炼我们的肩部肌群，尤其是三角肌后束与肱三头肌。做动作时上体要始终保持挺直，不要借助于上体摆动或躯干屈伸的力量举起杠铃，肘部和双手必须位于同一平面。另外，初学者选择杠铃的重量不宜过大。

① 身体紧靠座椅，上体保持挺直，挺胸、收腹、紧腰；双手持杠铃置于颈前，肘部与地面平行，保持肘部与双手在同一平面。

② 保持身体其他部位不动，挺胸、收腹、紧腰；肩部肌肉发力，推起杠铃至头部正上方，两臂微屈；保持动作2~3秒。

③ 动作到位后再将杠铃缓缓绕至颈后；之后慢慢还原至初始动作；不断重复以上动作。

8. 坐式双臂后伸

40~60秒/组，8~12次/组，4~6组

这个动作主要锻炼三角肌后束。做动作时两肘要与蝴蝶机的把手平行，且下放速度不宜过快，也不宜下放到底，这样才能保证肌肉得到持续的拉伸。

扫一扫，看视频

① 坐在反式蝴蝶机上，胸口紧靠软垫，上身挺直；握紧把手，调整好蝴蝶机的角度，双肘微屈。

② 向后拉动器械，逐渐收紧三角肌后束；待拉到尽头后，再慢慢恢复至初始动作，但不要恢复至底，恢复速度要慢；不断重复以上动作。

扫一扫，看视频

9. 坐姿器械推举

40~60 秒 / 组，8~20 次 / 组，4~6 组

这个动作主要锻炼我们的三角肌群。做动作时不要耸肩，以免影响锻炼效果。

① 腰背靠在器械靠板上，脖颈自然放松，抬头目视前方，收腹挺胸，肩部自然下沉，小臂与地面垂直；双手握住器械横卧柄，小臂靠住护板；双脚分开，平踏于地面。

② 呼气，肩部发力，向上抬起器械至肘部接近伸直状态；动作到位后恢复至初始姿势；不断重复动作。

阶段三·拉伸

拉伸动作分为主动拉伸（自己拉伸）和被动拉伸（有同伴协助的拉伸），我们可以根据是否有人帮助我们来酌情选择。

1. 主动拉伸：三角肌整体拉伸

双腿分开，自然站立；双臂侧平举，一手掌心向上，一手掌心向下；身体呈侧弓箭步向掌心向上的一侧移动，保持双肩放松，保证身体在一个平面内，不要扭转；做到身体极限后坚持一会儿；换另一侧拉伸。

2. 主动拉伸：三角肌后束拉伸

身体自然站立，双肩下压，保持躯干稳定；将一条手臂横向放在胸前，另一条手臂抬起并扣住横向手臂的肘关节，感受三角肌后束的拉伸，保持自然呼吸；保持动作一段时间后换另一侧练习。

3. 被动拉伸：站姿三角肌拉伸

被拉伸者身体放松，自然站立；同伴于被拉伸者身体后方扶住其两手肘并将手肘向后水平合拢；被拉伸者到自身极限后告诉同伴，保持在这个位置一段时间；之后慢慢放松还原。

4. 被动拉伸：坐姿三角肌拉伸

（正）

（侧）

被拉伸者身体放松，坐在垫子上；同伴于被拉伸者身体后方扶住其两手肘并将手肘向后水平合拢；被拉伸者到自身极限后告诉同伴，保持在这个位置一段时间；之后慢慢放松还原。

黎明二健：练出魅力背部

女要"S"男要"V"。肩、胸、背和侧腹的肌肉质量直接决定了男女正面和背面身材曲线的呈现。优美的曲线不仅需要靠挺拔的胸部和圆翘的臀部来体现，更要靠结实的背部来形成适当的弧度。并且，背部有全身最大面积的肌群，无论对力量传导，还是对于日常生活或是工作中的体感维护（如颈椎健康、脊柱健康、腰椎间盘稳定、骨盆位置稳定等）都是非常重要的。

阶段一·热身 时长 4 分钟

同黎明一健训练计划的热身运动，包含：运动员摆臂模拟训练、游泳摆臂模拟训练、直臂绕环和爬墙。（详见本书 p.121）

扫一扫，看视频

阶段二·力量训练

1. 正握宽距引体向上   40~60秒/组，8~16次/组，4~6组

这个动作主要锻炼我们的背阔肌，是增加背部和肱二头肌整体力量的首选锻炼方式。练习过程中身体不要前后摆动，不要利用惯性给予身体助力。

扫一扫，看视频

① 双臂悬垂在单杠上，双手以宽距握紧横杠；收腹挺胸，腰背以下部位放松，使背阔肌充分伸长；两小腿弯曲、交叉、抬起。

② 吸气，利用背阔肌的收缩力，屈臂引体向上至下颌过杠，稍停2~3秒；呼气，以背阔肌的收缩力量控制住身体，慢慢下降还原至初始动作，放松肩胛部位，充分拉长背阔肌；重复动作。

2. 掌心相对引体向上   40~60秒/组，8~12次/组，4~6组

这个动作主要锻炼斜方肌、背阔肌和肱二头肌。掌心相对握杠，可以减轻肩部的压力。上拉时要集中注意力，感受背阔肌的收缩，把身体尽可能地拉高，且不要让身体摆动；下降时脚不能触地。

① 双手掌心相对，抓杠；双脚离地、交叉。

② 用背阔肌的收缩力量将身体向上拉起，尽量使单杠触及或接近胸部；动作到位后保持1秒，使背阔肌充分收缩；然后逐渐放松背阔肌，让身体徐徐下降，还原至初始状态；不断重复动作。

3. 哑铃单臂划船 40~60秒/组，8~16次/组，4~6组

这个动作主要锻炼我们的背阔肌中部。做动作时腰背要平直，放在平凳上的手臂要保持肘关节微屈，放在地面上的腿要保持膝关节微屈。另外，做动作时要缓慢，幅度不宜过大，避免造成身体的过度扭动。

① 屈体伏在长凳上，一只手正握哑铃，垂直向下并尽量靠近地面；另一只手扶在长凳上，同侧腿屈膝支撑，使上体与地面平行，腰背保持平直。

② 背部发力将哑铃拉起，尽量将哑铃提至最高处，保持肘部向后；动作到位后缓慢放下哑铃至初始状态；不断重复动作。

第二章
身材定制怎么做？

4. 超人式腰背肌群训练　　40~60 秒 / 组，8~16 次 / 组，4~6 组

这个动作主要锻炼我们的背部和臀部肌肉。做动作时腿部要保持放松，避免给背部借力。

扫一扫，看视频

① 俯卧，肩部放松、挺胸，腹部挺直以维持身体平衡；双臂呈超人状伸直。

② 对侧一只手臂和一条腿向上抬起，下背部肌肉收缩使肩部和胸部缓缓抬离地面；每次动作到位后保持 2~3 秒；不断重复动作；之后换边做相同动作。

③ 四肢同时上抬，使腹部支撑身体；保持动作 3~5 秒后恢复初始动作，重复练习以上动作。

注意：这个动作之后可进行抱膝滚动放松（详见本书 p.142 下脊部竖脊肌拉伸）。

扫一扫，看视频

5. 俯身绳索划船 40~60秒/组，8~16次/组，4~6组

这个动作主要锻炼我们的肱二头肌和背部肌肉。做动作时避免含胸，要通过后背和肱二头肌的发力完成动作。

① 身体面向拉力器站立；正面握住把手，双臂伸直的同时俯身，至上体与地面基本平行，膝盖放松、微屈。

② 吸气，肱三头肌和后背发力向后、向下牵引把手，上臂紧贴体侧；动作到位后呼气，回复至初始状态；不断重复以上动作。

第二章
身材定制怎么做？

6. 坐姿颈前下拉   40~60秒/组，8~16次/组，4~6组

这个动作主要锻炼我们的上背肌、三角肌前束和斜方肌。双臂伸直时肘部要保持微屈，避免过于僵直。动作恢复时不要完全到底，保证肌肉的持续拉伸。

扫一扫，看视频

① 坐在拉背练习机的固定座位上，双手分别握住上方横杠两端的把柄，腰背挺直。

② 吸气，从头上方位置垂直下拉横杠至胸前，感受上背部肌肉的充分收缩；动作到位后保持2~3秒，然后慢慢还原至初始动作；不断重复动作。

139

7. 杠铃俯身划船

40~60秒/组，8~16次/组，4~6组

这个动作主要锻炼我们的背阔肌。双脚呈外八字站立，收腹挺胸，做动作时腰背挺直、收腹，完成动作时双臂要均衡用力，防止猛拉或无控制地突然还原。

扫一扫，看视频

 正　　　 侧

① 双脚自然开立与肩同宽，上体前屈与地面平行，双脚呈外八字形站立，双膝稍屈；收腹挺胸，双臂下垂伸直，双手掌心向内握住杠铃，握距同肩宽。

② 弯曲双臂，使大臂于体侧夹紧，将杠铃贴身提起，直到横杠接触上腹部，上背肌群产生紧张感；动作到位后呼气，慢慢还原至初始动作；不断重复动作。

注意： 若动作不费力，可换反手（掌心向前）握杠。

第二章
身材定制怎么做？

8. 坐姿划船 40~60秒/组，8~16次/组，4~6组

这个动作主要锻炼我们的背阔肌、三角肌后束、菱形肌和斜方肌。做动作时不要弓背，要使背部肌肉充分收缩。另外，反手握手柄可以很好地刺激斜方肌和菱形肌。

扫一扫，看视频

侧　　　　　后

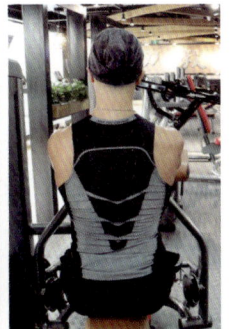

① 坐在划船凳上，双脚踩住挡板，收腹，腰背挺直，上身略前倾。

② 吸气、挺胸，用力拉动手柄至胸廓下部，肘部尽量向后，使背部受到充分的挤压；动作到位后呼气，慢慢还原至初始动作，让背部充分伸展；不断重复动作。

阶段三·拉伸

1. 主动拉伸：下背部竖脊肌拉伸

仰卧，双手抱膝，上身抬起，埋头，收下颌，使身体呈蜷缩的婴儿状，让背部伸展到个人能力范围内的极限；然后身体前后滚动，节奏要缓和，滚动幅度循序渐进以达到背部肌肉和脊柱的伸展。这个动作能起到自力按摩的作用。

2. 主动拉伸：背阔肌拉伸

站立，双臂上抬，屈肘放于头部后方，一手抓住另一手肘用力侧拉，侧方向做静立拉伸。

扫一扫，看视频

3. 被动拉伸：背阔肌拉伸

身体放松，坐在垫子上；同伴于身体后方将被拉伸者单侧手肘上抬并向对侧下压；到达极限后保持一段时间；之后慢慢放松还原，换另一侧手臂练习。

黎明三健：甩掉蝴蝶臂、拜拜肉

我们上臂的肱二头肌、肱三头肌以及小臂肌群都是控制上肢收拉、屈伸、卷握、捏压等动作的主要肌群。不仅如此，女性上臂的粗细、紧致程度直接决定了穿无袖晚装、旗袍或紧身小礼服的美观度。

阶段一·热身 时长 4 分钟

同黎明一健训练计划的热身运动，包含：运动员摆臂模拟训练、游泳摆臂模拟训练、直臂绕环和爬墙。（详见本书 p.121）

扫一扫，看视频

阶段二·力量训练

1. 坐姿斜托双臂二头弯举　　40~60 秒 / 组，8~12 次 / 组，4~6 组

这个动作主要锻炼我们的肱二头肌。屈臂上举时上臂要保持不动，伸臂时要缓慢且充分伸直。

扫一扫，看视频

① 身体骑坐在固定的凳子上，上体稍向前倾，目视前方；双臂伸直，使腋窝卡在斜板的上沿；拳心向前，双手反握杠铃，握距与肩同宽。

② 吸气，双臂以肘关节为轴用力向上弯举，使杠铃尽量靠近锁骨；动作到位后保持 2~3 秒；呼气，双臂放松，回复至初始动作；不断重复动作。

第二章
身材定制怎么做？

2. 托单臂二头弯举　　40~60秒/组，8~12次/组，4~6组

这个动作能单独地锻炼我们的肱二头肌。做动作时弯曲关节，肱二头肌便收缩，不要借用胸部的力量或身体的摇摆。

① 上体前屈，单手持哑铃，在斜板上伸直，腋窝卡在斜板的上沿；另一只手扶在斜板边缘。

② 吸气，持哑铃的手臂以肘关节为轴用力弯举，将哑铃举至靠近锁骨处；动作到位后保持2~3秒；呼气，放松还原至初始位置；不断重复动作。

3. 坐姿凳上臂屈伸　　40~60秒/组，8~12次/组，4~6组

这个动作主要锻炼我们的肱三头肌。完成动作过程中要保持平稳的中速，臀部自然下沉时双臂收缩要充分。

扫一扫，看视频

① 双手于背后撑在稍高的凳子上，小腿与地面呈75°左右，双脚落于地面，身体其他部分悬空；呼气，双肩放松并慢慢屈肘，臀部自然下沉至与膝盖平行；动作到位后保持2~3秒，感受肱三头肌的充分拉伸。

② 吸气，双臂伸直，使肱三头肌最大限度地收缩，动作到位后再保持2~3秒；不断重复动作。

第二章
身材定制怎么做？

4. 夹肘俯卧撑 40~60 秒 / 组，8~12 次 / 组，4~6 组

这个动作可以锻炼上肢力量和腹肌力量。做动作时要全身挺直，平起平落。

扫一扫，看视频

① 双臂垂直于地面，双腿向身体后方伸展，双脚并拢，脚尖触地；依靠双手和双脚脚尖保持身体平衡，使头、颈、后背、臀以及双腿保持在一条直线上。

② 弯曲双肘，上臂贴于身体两侧；身体降低，尽量靠近地板，收紧腹部，依然保持身体呈一条直线；动作到位后保持 1~2 秒；然后推起身体至初始状态；不断重复动作。

5. 俯身哑铃臂屈伸

40~60秒/组，8~12次/组，4~6组

这个动作主要锻炼我们的肱三头肌。持铃至全臂伸直时，肱三头肌收缩。

扫一扫，看视频

① 上体前屈至 75° 左右；双手各持一哑铃，屈肘、大小臂呈直角，大臂贴近身体两侧与背部平行，小臂自然下垂，肘部固定。

② 持铃向后上方举起哑铃直至全臂伸直；动作到位后再缓慢放下哑铃；不断重复动作。

第二章
身材定制怎么做？

6. 杠铃二头弯举   40~60秒/组，8~12次/组，4~6组

这个动作主要锻炼我们的肱二头肌以及小臂肌肉。前臂弯起至完全收缩后，需按照原路将杠铃慢慢放下，放至前臂下垂伸直，做到最大限度的伸展。

扫一扫，看视频

① 双脚略前后分开站立；双手掌心向前握住杠铃，自然下垂于大腿前，握距与肩同宽；上身挺直，目视前方。

② 保持上臂始终贴于体侧，以肘关节为支点，双臂由腿前向上划半圆举起杠铃至与肩平齐；动作到位后保持2~3秒，之后慢慢按照原路将杠铃放下至腿前；不断重复动作。

注意：若动作不费力，可将杠铃上抛至额头。

149

7. 坐姿哑铃弯举

40~60秒/组，8~12次/组，4~6组

这个动作主要锻炼我们的肱二头肌。练习过程中要收腹挺胸，腰背挺直。另外，哑铃弯举、收缩肱二头肌时手肘要垂直于地面。

扫一扫，看视频

① 双腿并拢，身体坐于凳子上；收腹挺胸，双手各持一哑铃。

② 掌心向前，将哑铃向上弯举，前臂上弯至个人极限，充分收紧肱二头肌；动作到位后保持2~3秒，然后控制手臂缓慢还原至初始位置；不断重复动作。

第二章
身材定制怎么做？

阶段三·拉伸

1. 主动拉伸：肱二头肌后侧拉伸

扫一扫，看视频

双臂侧平举，双手握拳，大拇指向上伸出；双手从上向下转动，做静力拉伸；之后双臂回复侧平举，重复练习。

2. 主动拉伸：肱三头肌后侧拉伸

双拳相抵，双肘举过头顶，夹住头部两侧；抬头，一手将另一手臂的肘部拉向对侧，做静力拉伸。

3. 被动拉伸：肱三头肌后侧拉伸

身体放松，坐在垫子上；同伴于拉伸者身后扶住其单侧手肘并上抬，使其手肘指向天空；到达自身极限后告诉同伴，保持在这个位置一段时间；之后慢慢放松还原，换另一侧手臂练习。

黎明四健：锻造性感胸部

对女性而言，完美的胸形对于打造"S"形黄金曲线起到了决定性的作用。拥有漂亮结实、健康活力的胸部会让自己充满力量感、自信而富有激情。

阶段一·热身 时长4分钟

同黎明一健训练计划的热身运动，包含：运动员摆臂模拟训练、游泳摆臂模拟训练、直臂绕环和爬墙。（详见本书 p.121）

扫一扫，看视频

阶段二 · 力量训练

1. 上斜杠铃卧推 40~60秒/组，6~8次/组，3组

这个动作主要锻炼我们的胸大肌上部和三角肌前束。向上卧推时注意肩部发力不要过多，否则会造成含胸，对上胸刺激效果减弱。另外，练习时要把斜板的角度设置在30°左右，大于30°会使重量过多地作用在三角肌前束上。下放杠铃时要注意控制速度，以缓慢而稳定为佳，但不要停留。当杠铃举到最高点时，应立即将杠铃下放，要保持动作的流畅性。

扫一扫，看视频

① 仰卧于斜板上；双手握住杠铃杆并保持平衡，肩胛骨和臀部稳稳顶住垫板，下背和腹部保持紧张，两脚踮脚踩稳；下颌微抬，双眼平视。

② 充分吸气后憋气，将意念集中于上胸，借助胸外侧、肩前束、肱二头肌的力量举起杠铃至最高处，手肘微屈；停留1秒，再缓缓下放到初始位置，不断重复动作。

第二章
身材定制怎么做？

2. 俯卧撑　　　　　　　　40~60秒/组，6~8次/组，3组

练习者可根据自身情况选择以下三种动作的一种，其难度依次由低到高。

（1）跪姿俯卧撑

这个动作主要锻炼我们的胸大肌和三角肌。做返回动作时，要保持手臂微屈，练习过程中要收腹，腰背不要下塌。

扫一扫，看视频

① 膝盖跪于地面上，双腿交叉弯曲；双手打开比肩宽，撑于地面；保持躯干挺直，不要塌腰。

② 手臂弯曲，使身体靠近地面，直到上臂与地面平行，大小臂呈直角，自然吸气；之后返回初始动作，自然呼气；不断重复动作。

155

（2）标准俯卧撑 40~60秒/组，6~8次/组，3组

这个动作主要锻炼我们的上肢力量和腹肌力量。做动作时要全身挺直，平起平落。

① 双臂垂直于地面，双腿向身体后方伸展，双脚并拢，脚尖触地；依靠双手和双脚脚尖保持身体平衡，使头、颈、后背、臀以及双腿保持在一条直线上。

② 弯曲双肘，上臂贴于身体两侧；身体降低，尽量靠近地板，收紧腹部，依然保持身体呈一条直线；动作到位后保持1~2秒；然后推起身体至初始状态；不断重复动作。

（3）低姿俯卧撑　　40~60秒/组，6~8次/组，3组

这个动作主要是锻炼我们胸大肌的上胸部分。做动作时，头、颈、后背、臀以及双腿要保持在一条直线上，全身挺直、收腹，平起平落。

① 双手指尖略朝外支撑于地面，保持双手间距比肩略宽；脚尖立于卧推凳或 20 厘米高的物体上，用双手和双脚脚尖保持身体平衡；颈、后背、臀以及双腿保持在一条直线上。

② 弯曲双肘，上臂贴于体侧，胸部尽量靠近地板；收紧腹部，保持身体呈一条直线；动作到位后保持 1~2 秒；推起身体至初始状态；不断重复动作。

3. 双杠臂屈伸　　　40~60秒/组，6~8次/组，做3组

这个动作主要锻炼我们的胸大肌下部。动作要缓慢进行，不要借身体的摆动助力。撑起身体时要挺胸、抬头、收腹、不耸肩。

扫一扫，看视频

① 双手握杠，以直臂支撑身体抬起，挺胸、收腹，双臂贴于体侧；双腿伸直或交叉，放松，呈下垂状。

② 吸气，屈肘弯臂使身体下降，直至大臂与肩平齐；头部前引，臀部稍向后退，躯干呈"低头含胸"的姿势；双肘外展；动作到位后保持2~3秒，使胸大肌充分拉长、伸展；吐气，通过胸大肌的收缩支撑双臂，再使身体上升直至双臂完全呈伸直的状态，保持胸大肌完全收紧；不断重复动作。

4. 坐姿推胸

40~60秒/组，6~8次/组，3组

这个动作主要是锻炼我们的胸大肌下部。做动作时要收腹挺胸，肩部放松，同时注意呼吸节奏的配合。另外，关节不要伸得过直，要最大限度地用胸部发力。

扫一扫，看视频

① 坐在椅子上，头部、上背部和臀部紧贴靠背，腰部收紧，目视前方；挺胸收腹，肘部与地面平行，双手紧紧握住把手。

② 吐气，胸部发力，将重量推起；紧接着呼气，将器械推到顶点，肘关节不要完全伸直；动作到位后保持1秒；吸气，还原到两个大臂呈一条直线的时候再次发力；不断重复动作。

扫一扫,看视频

5. 仰卧(上斜)哑铃飞鸟   40~60秒/组,6~8次/组,3组

这个动作是以锻炼我们的上胸和三角肌为主的训练。做动作时要注意呼吸的配合。

① 仰卧在斜的卧推凳上,腰背略收紧,双手各持一哑铃,掌心相对。

② 吐气,推起哑铃至双臂竖直向上;到达最顶端后,吸气,双手持哑铃从两侧落下,手肘稍屈,哑铃落下至感到胸部两侧肌肉有充分的拉伸感为止;不断重复动作。

第二章
身材定制怎么做？

6. 龙门架绳索夹胸　　40~60秒/组，6~8次/组，3组

这个动作主要锻炼我们的胸大肌和三角肌。做动作时上体要始终保持稍前倾，不要靠摆动助力；要收腹挺胸，使胸肌充分伸展；要缓慢而有节奏地进行。另外，完成动作时双臂要均衡用力，防止猛拉或突然性还原动作。

扫一扫，看视频

① 双脚打开与肩同宽、前后站立，双膝稍屈；身体略前倾，由上向下呈45°左右；双臂侧平举，肘关节微屈，双手手心向下分别握住拉力器两端的手柄。

② 吸气，上体稍向前倾，双臂由上往下斜向用力夹至胸前，至双手抱持动作；动作到位后保持2~4秒；呼气，双臂缓慢还原，使胸大肌得到充分拉伸；重复动作。

阶段三·拉伸

1. 主动拉伸：胸大肌拉伸

扫一扫，看视频

呈弓箭步站立，双手于体后相握、抓紧；上抬双手、双臂，至身体极限后保持动作一段时间；之后慢慢还原。

2. 被动拉伸：坐姿胸肌拉伸

被拉伸者全身放松，坐于垫子上，双臂打开，双手放在耳后；同伴于身后扶住被拉伸者的双手肘，用膝盖顶住其后背，将其双肘向后水平拉伸；被拉伸者达到自身极限后告诉同伴，在这个位置保持一段时间；之后慢慢放松还原。

第二章
身材定制怎么做？

谢/老/师/小/提/示

女性丰胸福利贴

女性健身，尤其是想要减脂的女性朋友，一定要加练俯卧撑。这是因为减脂必然"掉胸"，而我们唯一能保持胸部尺寸的办法就是做俯卧撑。有些朋友一周只做一次俯卧撑，这样收效甚微。这里为各位女士提供一个保持胸部尺寸的好办法：用十周减脂，再用十周塑形和丰胸。我们这里说的丰胸，其实质是增肌。增肌的方法有四种，下面给大家按照由易到难的顺序排列出来：

1. 趴在地上肚子贴地做俯卧撑；
2. 膝盖跪在地上做俯卧撑；
3. 正常做俯卧撑；
4. 脚放在凳子上做俯卧撑。

俯卧撑（详见本书 p.155）一周要做两次，每次 7~8 组，组间休息 1~1.5 分钟。

做完俯卧撑后的第二天，锁骨下面、大臂与胸脯连接处应该有疼、酸、胀的感觉。

黎明五健：告别游泳圈、啤酒肚

通常我们说的腰腹其实是侧腹、上腹和下腹的统称。以肚脐分界，上面为上腹（所谓的马甲线就是指这一部分的侧面线条），下面是下腹（所谓的人鱼线就是指腹股沟的线条），上、下腹的腹部线条分割成对称或不对称的四块、六块、八块，甚至十二块腹肌。腹肌多少由遗传决定，没有好坏区别，但腹壁的厚薄、腹肌线条的深浅、腹肌块的大小都和后天训练、饮食营养息息相关。而所谓的腰其实是侧腹及腹外斜肌、腹内斜肌的总称，线条深和质量好的腰部可形成如竖琴般的排浪状线条。

腹肌作为身体的核心肌群，和下背竖脊肌（后腰）一起担负着连接、传导上下肢力量，稳定躯干及完成展腹、收腹等各种伸展及鞭打动作的责任，是传导力量、维护脊柱健康、稳定骨盆、防伤防冲击的枢纽。软弱无力的腹肌可能导致骨盆前倾和腰椎生理弯曲，并增加腰背痛的几率。

阶段一 · 热身

扫一扫，看视频

同黎明一健训练计划的热身运动，包含：运动员摆臂模拟训练、游泳摆臂模拟训练、直臂绕环和爬墙。（详见本书 p.121）

第二章
身材定制怎么做？

阶段二 · 力量训练

1. 上腹卷腹　　40~60 秒 / 组，15 次 / 组，4~6 组

这个动作主要锻炼我们的上腹部。做动作时不要借助身体的惯性发力。

扫一扫，看视频

① 坐在罗马椅上，双脚勾住横档作为支撑，双臂交叉放于胸前，下颌微收，腰部固定。

② 通过腹部收缩，弯曲躯干至约 70°，感觉腹肌快要卷到一起时，呼气；随即缓慢恢复初始状态；吸气，不断重复动作。

谢/老/师/小/提/示

你会做仰卧卷腹吗？

仰卧卷腹与仰卧起坐的最大区别是做仰卧卷腹时骨盆并没有动，最大限度地减少了髂腰肌的参与，使髂腰肌在运动中只起到稳定作用，减少腰痛状况的发生。

我们的腰椎本身是向前凸的，即使前屈运动也很难使腰椎后凸，所以我们在卷腹的过程中需尽量使腰部贴紧地面，这样才能真正地固定骨盆。

卷腹时要尽量保持低头、收下颌，双手可以稳定头部，减少颈椎的负荷。

呼吸方面，我们可以尝试用力呼吸，吸气时腹肌拉长，呼气时腹肌缩短。并且，我们要在卷腹时呼气，还原时吸气。

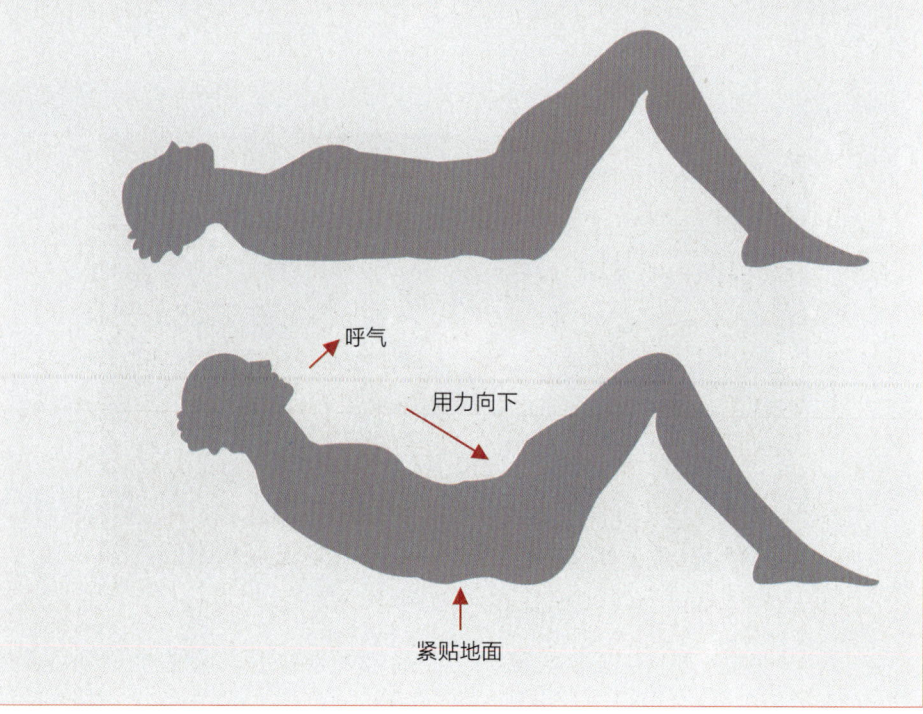

第二章
身材定制怎么做？

2. 下腹卷腹　　40~60秒/组，15次/组，4~6组

这个动作主要锻炼我们的下腹部肌肉。练习时要靠腹部收缩完成动作，不要用腿部的力量。

① 身体仰卧在靠板上，固定双手，收紧腹部，膝盖微屈。

② 吸气，腹部收缩带动大腿贴近腹部；动作到位后保持1~2秒；呼气，腿部恢复初始姿势，使腹部充分拉伸；不断重复动作。

3. 壶铃侧屈

40~60 秒/组，8~12 次/组，4~6 组

这个动作主要锻炼我们的腹外斜肌。动作还原时要缓慢，不要急速下垂，以免身体受伤。

扫一扫，看视频

① 双腿交叉放在侧卧架上，保持头、颈、脊柱在一条直线上；单臂持壶铃，自然垂向地面，另一手放于后脑勺上。

② 慢慢将腰部挺起，拉起壶铃，注意身体不要前后晃动；动作到位后保持 1~2 秒，感受腰腹肌肉的充分收缩；之后缓缓落下身体，不断重复动作。

第二章
身材定制怎么做？

4. 悬挂举腿

40~60 秒 / 组，8~12 次 / 组，4~6 组

这个动作主要是锻炼我们的下腹部肌肉。做动作时要把腿伸直、后脚尖勾起以收缩腹部肌肉。

扫一扫，看视频

① 双手正握单杠，全身垂于杠下。

② 腿部向上抬起，勾起脚尖，收缩腹部肌肉；屈膝，把大腿尽力向上缩起至贴近胸部；动作到位后保持 1~2 秒，吸气。

③ 憋气，缓缓抬起小腿，直到双腿完全伸直；呼气，之后慢慢放下双腿，回复至初始姿势；不断重复动作。

169

扫一扫，看视频

阶段三·拉伸

1. 主动拉伸：站姿腹直肌拉伸

双腿分开，自然站立，双手握拳抵于后腰；上身向后仰，拉伸腹肌，但不要过度；停留一段时间后慢慢回复至初始姿势。

2. 主动拉伸：卧姿腹直肌拉伸

俯卧在垫子上，双手、双腿分开同肩宽；双臂伸直支撑起身体，不要过分后仰；停留一段时间后慢慢回复至初始姿势。

3. 被动拉伸：腹直肌拉伸

拉伸者俯卧在垫子上，双腿分开同肩宽，双手于头后相握；同伴于身后抬起拉伸者双肩使其身体向上抬起，不要过分后仰；停留一段时间后慢慢回复至初始姿势。

谢/老/师/小/提/示

7个腹肌训练的常见错误

错误1：忽略复合练习

如果我们仅仅严格地执行孤立的腹肌训练，那就犯了一个巨大的错误。我们锻炼腹肌的同时，还要加上像硬拉、深蹲、过头推举这些复合动作，才会使身体核心肌肉的每一寸都得到锻炼。

腹肌训练只需要15分钟。如果我们已经做了如深蹲和硬拉这样的复合练习，那么在训练的最后加1~2个腹肌练习，每个动作做2~3组就足够了。

错误2：先做腹肌训练

腹肌是身体核心区域的一部分，有助于保持身体的稳定。如果在训练中过早地使它疲劳，那么再做其他动作就会觉得非常艰难。

错误3：每天都训练同样的动作

腹肌训练之后，一两天的恢复时间是必要的。如果我们第一天做了卷腹，那么第二天的卷腹运动对于腹肌的刺激就不再像前一天那样有效，这时，可以尝试一个难度更大的动作或休息一天。

错误 4：只做仰卧起坐

除了仰卧起坐，还有几十种练习腹肌的方法，有些方法比仰卧起坐更加有效。所以我们要锻炼腹肌，不能只局限于仰卧起坐，要多个动作一起练。

错误 5：只训练一个角度

腹外斜肌、腹横肌、腹直肌和竖脊肌都是身体核心肌群的一部分，但因为它们的肌肉纤维的运行方向和方式各不相同，所以锻炼者必须从多个角度进行腹肌练习。

错误 6：迷信腹肌训练器械

如果用某种器械从一边摆动到另一边就能够在两个星期内减掉大量体重，那人人都是健身明星了！不要相信任何速成器械，健身是需要持之以恒的。

错误 7：忽略饮食因素

腹肌锻炼的秘诀就是要降低身体脂肪的百分比，所以千万不能忽略饮食的重要性。

黎明六健：重塑诱人热臀

臀部肌肉分为臀大肌、臀中肌、骨盆底肌以及肛收肌和肛门括约肌。

进行臀部肌肉的训练能够防止骨盆变形，并从一定程度上矫正骨盆。对于女性来说，臀是"S"形曲线下半部分的构成基础。一个扁平、外扩、松弛、下垂的臀部，无法形成有视觉冲击力的性感曲线。同时，臀部是人体下蹲、纵跳、急停、急起等动作的主要发力肌群，对连接身体核心部位（腰腹），传导上肢力量，维护髋、膝、踝、下肢关节及骨盆稳定有非常重要的作用。

阶段一 · 热身 时长4分钟

同黎明一健训练计划的热身运动，包含：运动员摆臂模拟训练、游泳摆臂模拟训练、直臂绕环和爬墙。（详见本书p.121）

扫一扫，看视频

阶段二·力量训练

扫一扫，看视频

1. 持铃深蹲　　　　　　　　　　30~60 秒/组，1~2 组

这个动作主要锻炼我们的下肢肌群，包括臀中肌、踝关节等。做这个动作时双脚要自然开立、与肩同宽，膝关节要放松，保持上身的挺直和稳定。

自然站立，双脚打开与肩同宽；呼气，弯曲膝关节、下蹲，前屈的膝盖不要超过脚尖，下蹲到大小腿呈直角，同时双臂屈肘，双手持哑铃，保持身体平衡；到达锻炼时间后还原至站立姿势；不断重复动作。

注意：下蹲时膝关节要缓慢弯曲，这个过程中如果骨盆不能稳定，膝关节可以轻度弯曲 45°。

第二章
身材定制怎么做？

2. 杠铃深蹲   30秒~60秒/组，1组

这个动作能够锻炼全身的大肌肉群，包括大腿、臀大肌、背部及腹部肌群。在下蹲和起立的过程中，上身要挺直，背部要保持平直，目视前方。

扫一扫，看视频

① 把杠铃置于颈后肩上，双手握住横杠的两端，使杠铃平衡；双脚分开与肩同宽，脚尖稍向外分开呈八字形；双眼目视前方。

② 双膝慢慢弯曲，下蹲至全蹲的位置，前屈的膝盖不要超过脚尖，双脚始终平踏在地面上；之后慢慢伸直双腿回复初始姿势；不断重复动作。

3. 站姿训练器伸髋下压后摆 30~60秒/组，8~12次/组，1~2组

这个动作主要是锻炼臀大肌的力量。训练过程中要保持身体正直，后摆用力时不能晃动身体，不能借力。

扫一扫，看视频

① 双脚站立在训练踏板上，双手握住训练手柄；上身挺直，眼睛目视前方。

② 抬起一条腿，另一条腿撑在训练器上；抬起的腿下压、伸髋，向后摆动；之后还原至初始动作，不断重复动作；做完一组后换另一条腿继续练习。

第二章
身材定制怎么做?

4. 站姿训练器髋外提 30~60 秒 / 组,8~12 次 / 组,1~2 组

做动作的过程中必须始终保持身体直立、挺胸收腹并将目标腿伸直,防止身体左右倾倒。该动作还可在专用的腿侧展训练器上进行。

① 站在器械上,一侧脚踝缚拉力器负重,双手扶固定物,身体侧向受力点方向站立,支撑腿用力并以脚抓牢地面维持身体稳定。

② 练习腿由支撑腿前启动,臀中肌发力向侧面拉动拉力器至练习腿与支撑腿夹角约为 30°;动作到位后保持 1 秒,退让性还原;做完一组后换另一条腿继续练习。

注意:退让性还原指慢慢还原,控制速度,不是在肌肉放松的状态下还原,而是有控制地还原。退让性还原可以更好地刺激肌肉。

5. 站姿训练器髋内收 　30~60秒/组，8~12次/组，1~2组

这个动作主要锻炼大腿外侧肌肉。动作过程中若发生肌肉抖动现象，说明训练到位。

① 站在器械前，一只脚固定在器械杠杆上，另一只脚用于支撑，双手扶好手柄；上身挺直，眼睛目视前方。

② 固定器械的腿内收，臀部发力，将器械拉过支撑脚；之后还原至初始动作，不断重复动作；做完一组后换另一条腿继续练习。

第二章
身材定制怎么做？

6. 哑铃箭步蹲   30~60 秒 / 组，8~12 次 / 组，1~2 组

这个动作主要锻炼我们的臀大肌和股四头肌。做动作时不要过快、过猛，以免伤到膝关节。

扫一扫，看视频

① 双手各持一哑铃，自然伸直手臂垂于体侧；双脚前后站立，后脚尖踮起；目视前方，身体挺直，挺胸、收腹、紧腰。

② 下蹲，使左腿膝关节与踝关节在同一垂线上，膝盖不要超过脚尖，重量均匀分布在双腿上；沉髋、后腿屈膝下蹲至膝关节接近地面；动作到位后保持 3~5 秒，然后回复至初始姿势；不断重复动作；做完一组后换另一条腿继续练习。

注意：练习一段时间，臀部力量提升以后可过渡到弓箭步交换跳姿势。

7. 壶铃跳蹲

30~60秒/组，8~12次/组，1~2组

这个动作主要锻炼我们臀部的爆发力。练习这个动作时要注意安全，保持腰背挺直，屈髋。

扫一扫，看视频

① 身体呈蹲姿，膝盖不要超过脚尖；双手抓好壶铃放在双腿之间，双脚间距略大于肩宽。

② 臀腿同时向上发力、跳起，双手持铃保持自然垂直；下落时膝盖微屈，注意缓冲；重复动作。

注意：若做此动作后感到肌肉紧张，可先做拉伸动作（详见本书 p.186）后再继续进行力量训练动作。

第二章
身材定制怎么做？

8. 屈腿硬拉 30~60秒/组，8~12次/组，1~2组

这个动作主要锻炼我们的臀大肌和背部肌肉。硬拉练习可以有效地锻炼到臀部肌肉，同时还能加速人体新陈代谢，帮助身体消耗多余的脂肪。做动作时背部切勿弯曲；提铃时臀部夹紧，颈部自然放松，不要过分伸展。

扫一扫，看视频

侧　　　正

① 双脚自然分开与肩同宽，呈八字形站立；屈膝俯身，双手正握杠铃，握距与肩同宽或略大于肩宽；头稍抬起，挺胸、腰背收紧、翘臀，上体前倾与地面平行。

② 腿部肌肉用力，伸膝、提铃，臀部收紧；动作到位后保持2~3秒；然后屈膝，缓慢下降杠铃还原至初始姿势；不断重复动作。

181

9. 罗马椅挺身　　30~60 秒/组，8~12 次/组，1~2 组

这个动作主要锻炼我们的下背部。在整个练习过程中，身体是依靠臀部肌肉的发力来上提的。

① 双手交叉护球，双脚呈八字形固定；收腹挺胸，腰背收紧，肩部放松，头、颈、背、腿保持在一条直线上；以髋关节为轴，呼气，上体自然下落至与地面平行。

② 吸气，腰背发力，肌肉收缩、挺身；动作到位后保持1~2 秒；不断重复动作。

第二章
身材定制怎么做?

10. 哑铃直腿硬拉 30~60秒/组,8~12次/组,1~2组

直腿硬拉是锻炼大腿后群肌和臀大肌的动作,难度比屈腿硬拉更高一点。直腿硬拉能非常有效地刺激到绳肌群,使下身曲线充满立体感。练习过程中,头部要始终抬起,腰部要保持伸直状态;动作要缓和,负重不宜过大,避免腰部肌肉和腰椎受伤;要将精力集中在臀大肌和大腿后群肌上。

扫一扫,看视频

① 手持哑铃置于体侧,双脚打开同肩宽,自然站立。

② 保证腰腹部始终收紧,俯身使双手所持哑铃下降到与踝关节所在位置相等的高度;动作到位后保持2~3秒,之后还原到起始姿势;不断重复动作。

扫一扫，看视频

11. 实心药球/杠铃片臀桥　30~60秒/组，8~12次/组，1~2组

这个动作主要锻炼我们的臀部肌肉和下背部肌肉。做动作时，肩部、头部要始终贴在地面上；动作还原时要慢。

药球

杠铃片

① 平躺于地面，屈膝呈 75°~90°，将药球/杠铃片放置在髂骨上方；双脚掌平踏于垫面，双手牢牢握住器械，背部挺直，腹部收紧保持稳定。

第二章
身材定制怎么做？

药球

杠铃片

② 臀部收紧、发力，腰部上挺使上半身呈一条直线；达到最高点后保持 2~4 秒，夹紧臀部肌肉使其充分挤压；之后缓慢放下身体，回到初始姿势；不断重复动作。

阶段三·拉伸

1. 主动拉伸：臀大肌拉伸

用双人互动或扶墙支撑的方式，做"斗鸡"站姿；盘腿屈膝下蹲，做静力伸展；保持该姿势一段时间后换另一条腿重复练习。

扫一扫，看视频

2. 被动拉伸：臀大肌拉伸

被拉伸者仰卧于垫子上，全身放松；同伴跪于垫子上，将拉伸者的一条腿抬起，脚放在对侧腿上，同时向内侧按压膝关节；到达极限后告诉同伴，保持该姿势一段时间；之后慢慢还原；换另一条腿重复练习。

谢老师小提示

骨盆变形有哪些危害？

骨盆变形首先会引起内脏下垂、小腹凸起、臀部外扩或下垂等不良状况，进而破坏身体曲线。其次，骨盆与脊柱、大腿骨及位于头后部的后头骨等骨骼联动，如果骨盆变形，这些骨骼也会随之产生畸变而妨碍正常活动，影响全身比例的均衡。再次，骨盆变形会为股关节带来负担，导致关节出现畸变，加重内、外八字形腿。最后就是骨盆倾斜会导致全身倾斜，使身体活动受到限制，进而引起肌肉衰退等。

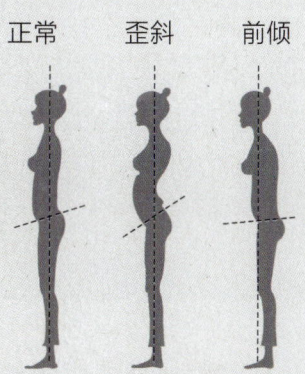

骨盆变形对身形的影响

通过以下几种情况可以判断骨盆存在的问题。

1. 有便秘、痛经、经期不适等症状

骨盆支持着腹部，具有保护内脏及生殖器官的重要功能。骨盆的倾斜会使子宫、卵巢和肠胃等器官扭曲，以致体液流动受到阻碍，肠体蠕动相应减弱，进而导致慢性便秘、痛经等症状。

2. 肩颈酸胀、腰背痛

闭合不全的骨盆会牵拉腰部周围的肌肉向左右扩张，使得腰部神经受到压迫而引起腰痛。另外还会导致从腰部通过后背一直到肩部的肌肉僵硬，从而影响血液的流通，引起肩膀疼痛。

3. 肌肉疲劳、体寒

由于骨盆的倾斜，血管受到压迫，血液的正常循环流通受阻，加之原本在正常工作状态下产生并释放热量的肌肉会因骨骼的变形而拉长，因而肌肉会为恢复原有的状态而紧张起来，从而导致慢性疲劳。肌肉紧张、僵硬后，又会造成血液和淋巴液的流动不畅，身体会处于发冷的状态，畏寒的情况就会更加严重。

黎明七健：打造有力、紧实的大腿

大腿分前群肌肉和后群肌肉，前群肌肉有股外侧肌、股内侧肌、股中间肌，统称股直肌；股后群肌称股二头肌。大腿前后这四部分肌肉和脂肪的比例，肌肉的饱满度、修长度、线条、形态构成了大腿的外观。美的大腿比例匀称、饱满、结实而不粗壮、线条清晰又不过分强悍。这样的大腿和上肢躯干能形成完美的衔接。

另外，腿部肌肉的绝对力量、耐力、柔软度对膝关节的支撑保护也有非常重要的作用。更重要的是腿部的训练对维持激素水平、刺激激素分泌、发展全身力量和增加全身肌肉质量都起到至关重要的作用，所以我们常说：腿不好腰就不好。

阶段一·热身

同黎明一健训练计划的热身运动，包含：运动员摆臂模拟训练、游泳摆臂模拟训练、直臂绕环和爬墙。（详见本书 p.121）

扫一扫，看视频

第二章
身材定制怎么做？

阶段二·力量训练

1. 杠铃深蹲　　30秒~60秒/组，8~12次/组，1组

这个动作能够锻炼全身的大肌肉群，包括大腿、臀大肌、背部及腹部肌群。在下蹲和起立的过程中，上身要挺直，背部要保持平直，目视前方。

扫一扫，看视频

① 把杠铃置于颈后肩上，双手握住横杠的两端，使杠铃平衡；双脚分开与肩同宽，脚尖稍向外分开呈八字形；双眼目视前方。

② 双膝慢慢弯曲，下蹲至全蹲的位置，前屈的膝盖不要超过脚尖，双脚始终平踏在地面上；之后慢慢伸直双腿回复初始姿势；不断重复动作。

189

扫一扫，看视频

2. 哑铃箭步蹲

30~60 秒/组，8~12 次/组，1~2 组

这个动作主要锻炼我们的臀大肌和股四头肌。做动作时不要过快、过猛，以免伤到膝关节。

① 双手各持一哑铃，自然伸直手臂垂于体侧；双脚前后站立，后脚尖踮起；目视前方，身体挺直，挺胸、收腹、紧腰。

② 下蹲，使左腿膝关节与踝关节在同一垂线上，膝盖不要超过脚尖，重量均匀分布在双腿上；沉髋、后腿屈膝下蹲至膝关节接近地面；动作到位后保持 3~5 秒，然后回复至初始姿势；不断重复动作；做完一组后换另一条腿继续练习。

注意：练习一段时间，臀部力量提升以后可过渡到弓箭步交换跳姿势。

第二章
身材定制怎么做?

3. 哑铃直腿硬拉 　　30~60秒/组，8~12次/组，1~2组

直腿硬拉是锻炼大腿后群肌和臀大肌的动作，难度比屈腿硬拉更高一点。直腿硬拉能非常有效地刺激到绳肌群，使下身曲线充满立体感。练习过程中头部要始终抬起，腰部要保持伸直状态；动作要缓和，负重不宜过大，避免腰部肌肉和腰椎受伤；将精神力集中在臀大肌和大腿后群肌上。

扫一扫，看视频

① 手持哑铃置于体侧，双脚打开同肩宽，自然站立。

② 保证腰腹部始终收紧，俯身使双手所持哑铃下降到与踝关节所在位置相等的高度；动作到位后保持2~3秒，之后还原到初始姿势；不断重复动作。

4. 坐姿腿屈伸

30~60 秒 / 组 8~12 次 / 组，1~2 组

这个动作主要锻炼我们的股四头肌。整个练习过程中，脚尖要始终勾起，使股四头肌得到充分收缩，且股四头肌收缩时不要借助臀大肌的助力。

扫一扫，看视频

① 坐在腿屈伸机上，腰背紧靠靠板，双手握住扶把，双腿屈膝下垂，调整好角度，双脚勾住横杠。

② 股四头肌收缩发力，抬小腿举起横杠；到达最高点时感受股四头肌的充分收缩，脚尖保持勾起；保持姿势 2~3 秒后慢慢放下双腿，至最低点后重复动作。

第二章
身材定制怎么做？

5. 坐姿水平蹬腿 30~60 秒 / 组，8~12 次 / 组，1~2 组

这个动作主要锻炼我们的臀大肌和股四头肌。练习过程中要保证腰背部挺直，不要弓背弯腰，同时注意呼吸的配合。

扫一扫，看视频

① 身体立坐于腿举架上，保持平衡；腰背部挺直，稳固地靠在座位背板上；屈膝，双脚蹬住踏板，调整好足间距。

② 股四头肌用力，踏紧踏板；吸气，随即呼气，股四头肌发力，向前上方蹬起踏板；至膝关节伸直后，立即缓慢地弯曲膝关节，将踏板逐渐还原；同时吸气，直到膝关节弯曲到最大限度；不断重复动作。

扫一扫，看视频

阶段三·拉伸

1. 主动拉伸：大腿前侧股四头肌拉伸

双脚并拢自然站立；一条腿向后屈起，同侧手握住脚腕向上提拉；另一侧手臂向前伸直；到达身体极限后保持一段时间，之后慢慢还原。

2. 主动拉伸：大腿后群肌、腘绳肌拉伸

自然直立；一条腿弯曲，另一条腿向前伸出、脚后跟点地；用伸直腿同侧的手握住这条腿的脚前掌，并用力向上提拉，感受伸直腿的肌肉拉伸；保持一段时间后慢慢直立身体，换另一侧腿重复练习。

坐在垫子上，一条腿弯曲，另一条腿向前伸出；用伸直腿同侧的手握住这条腿的脚前掌，并用力向内拉，感受伸直腿的肌肉拉伸；保持一段时间后慢慢回复至初始姿势，换另一条腿重复练习。

第二章
身材定制怎么做？

3. 主动拉伸：大腿内侧拉伸

坐在地面上，双腿伸直向两侧打开至最大程度；俯身，腰背保持挺直，双手尽量触摸双脚脚踝；到达身体极限后保持一段时间；之后慢慢回复至初始姿势。

4. 被动拉伸：大腿前部股四头肌拉伸

俯卧于垫子上，全身放松；同伴于身后用一只手臂压住被拉伸者腰部，另一只手抬起被拉伸者脚腕，使其屈腿；到达身体极限后被拉伸者告诉同伴，并保持该动作一段时间；之后慢慢回复至初始姿势，换另一条腿重复练习。

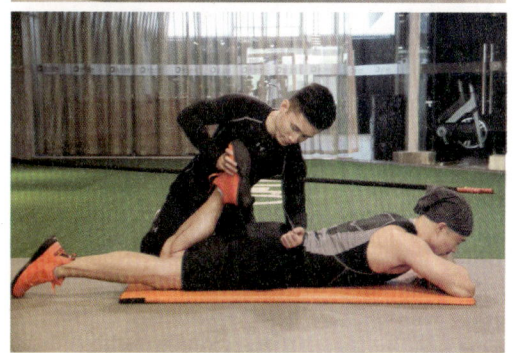

5. 被动拉伸：大腿后侧腘绳肌拉伸

仰卧于垫子上，全身放松；同伴用一只手压住被拉伸者髋部，另一只手抬起被拉伸者的一条腿，使之伸直；被拉伸者到达身体极限后告诉同伴，并保持动作一段时间；之后同伴将被拉伸者的腿继续向外侧按压，被拉伸者到达身体极限后告诉同伴，并保持动作一段时间；之后慢慢，换另一侧腿重复练习。

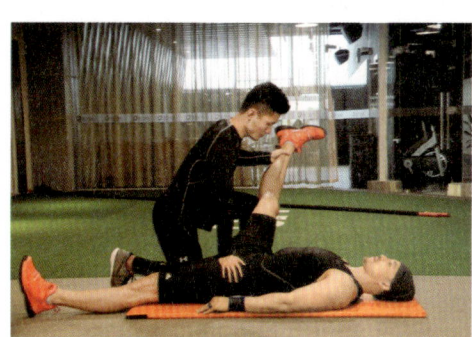 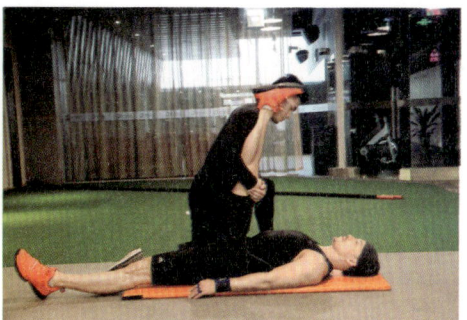

195

谢/老/师/小/提/示

不练腿，一切皆惘然

腿部训练是力量训练的核心和根本。

从实用价值来说，腿部力量远超上身力量。因为绝大多数情况下，人都是在站立状态下发力，而腿部距离人体支撑点的双脚最近，因此发力效率是最高的，常作为发力的起点。武术常讲"力起于脚，发于腿"，就是这个道理。力量项目也一样（如蹲、拉、扛、抬），肯定是腿部先发力。人是直立行走的动物，长期的进化让腿部力量的潜力远超上体。据美国科学家测定，人类腿部力量的潜力约是上体的十倍，因此在发力时腿部是真正的"主帅"。

西方力量界认为，人体力量的大小主要取决于腿部力量。因此，国外举重运动员、壮汉、投掷运动员都把50%以上的精力用于腿部力量训练，有的甚至达到80%。

腿部训练好处很多，比如：

1. 增加全身力量从而有助于其他各部位肌肉的生长发展；
2. 提高其他部位的训练强度，如果腿部力量不够，做上半身训练时腿会出现发软、发抖的现象；
3. 提高心肺功能；
4. 女性可以通过练腿塑造紧实的腿部、打造"S"形曲线。

黎明八健：塑造优美、健康的小腿

小腿肌肉分为比目鱼肌和腓肠肌，也就是腿肚子的内、外两侧。由于跟腱的长度是先天决定的（可以踮起脚看一下脚后跟和腿肚子下限之间的长度，这就是跟腱长度），这正如小腿和大腿的比例、整个腿长以及下肢长乃至全身比例都是遗传决定的一样，小腿肌肉和全身其他肌肉部位一样，不是练得粗、大就不好看，也不是瘦、细就一定好看，比例匀称才最好看。

阶段一·热身　时长 4 分钟

同黎明一健训练计划的热身运动，包含：运动员摆臂模拟训练、游泳摆臂模拟训练、直臂绕环和爬墙。（详见本书 p.121）

扫一扫，看视频

阶段二·力量训练

1. 杠铃站姿提踵 40~60 秒 / 组，6~8 次 / 组，4~6 组

这个动作主要是锻炼小腿的三头肌。有外八字、内八字和正脚尖三种踮脚提踵方式，锻炼的是腿肚子的内侧肌肉。完成这个动作时不要屈膝、屈体，且要控制重心不前移，否则效果极差。可在前脚掌下垫一块铃片来防止重心前移。

正脚尖

内八字

外八字

站在史密斯机上，双手掌心向前握杠，双手间距稍宽于肩，杠铃置于头后、肩上；收腹、紧腰、挺胸，身体直立，膝关节伸直；吸气，尽可能高地向上提起脚跟，保持 3~4 秒；呼气，缓慢还原至初始姿势；不断重复动作。

第二章
身材定制怎么做？

2. 坐姿提踵　　40~60秒/组，6~8次/组，4~6组

若想锻炼腿肚子外侧的肌肉，可将以上动作改为坐姿，大小腿呈直角，将负重放在大腿上。

扫一扫，看视频

阶段三·拉伸

1. 主动拉伸：小腿肌肉拉伸

自然直立；一条腿弯曲，另一条腿向前伸出、脚后跟点地；用伸直腿同侧的手握住这条腿的脚前掌，并用力向上提拉，感受伸直腿的肌肉拉伸；保持一段时间后慢慢直立身体，换另一侧腿重复练习。

坐在垫子上，一条腿弯曲，另一条腿向前伸出；用伸直腿同侧的手握住这条腿的脚前掌，并用力向内提拉，感受伸直腿的肌肉拉伸；保持一段时间后慢慢回复至初始姿势，换另一条腿重复练习。

黎明九健：打造万人迷小脸和健康颈椎

面部

脸胖是因为脂肪含量较高从而拖累了面部。想要瘦脸，不仅要做一些针对性的面部运动，还要进行全身减脂并配合健康的饮食。

1. 全身综合有氧训练 　　30~50 分钟/次（可累计），3~5 次/周

做大摆臂、大步快走之类的暴走运动可以达到全身减脂的目的，进而瘦脸。

动作方法：

做中低强度的运动。因为这样的运动方式对我们下肢的膝关节、踝关节没有太大冲击，从而使全身肌肉没有高强度的负荷，不会有过大的身体反应和乳酸堆积造成的酸痛。同时，做这个动作可以保持中速心率，使练习者心率平稳，以达到最佳的减脂状态。

2. 咬肌加强练习 　　随时随地

不追求锥子脸而需要面部轮廓感强一些的人可特别加强咬肌训练。

动作方法：

1. 嚼（无糖）口香糖或叩齿训练

咀嚼口香糖能随时随地帮助我们锻炼咬肌；叩齿利于养生，是传统养生之道。

2. 快口练习

做快口练习时要尽量把嘴张到最大，以有效锻炼我们的口腔肌肉。像"八百标兵奔北坡"之类的顺口溜可以多收集一些，读起来既有趣又可以达到训练效果。

3. 吹气球 　　60 秒，可休息一次

这个动作不仅可以锻炼到面部肌肉，还可以增大我们的肺活量。

动作方法：

模仿吹气球的动作，并发出吹气球的声音。吹气时先将空气吸到腹部，再用力呼出。

4. 嘬腮练习　　　　　　　　　　　　　　　30~60 次 / 日

这个动作可以锻炼到面部肌肉，与吹气球有异曲同工之妙。

动作方法：

用力嘬腮，好像亲吻，直到面部肌肉和腮部肌肉有明显的热、涨、酸的感觉再复原，但要注意不能使腮部疼痛。

5. 饮食调整　　　　　　　　　　　　　2~4 周见效，8~12 周完成

除有肠胃疾病需特殊补充营养的朋友外，其他锻炼者需从戒掉夜宵开始对自己进行严格的饮食控制。并且，饮食控制是长期的，不能初见成效后就放肆吃喝，即使在达到了自己想要的效果后，也要注意饮食控制，不能吃得过多。

饮食控制方法：

三餐中所食用的碳水化合物要减半，尤其是精米、精面。并且，油炸食品、高糖甜食等也要着重减少。

6. 按摩调整　　　　　　　　　　　　　　　　　每日早晚

按摩能促进面部血液循环，起到消肿、紧实肌肤的作用。手法有搓、揉、捏、压、叩打、拍打等，但力度要以轻度为主，不宜过重。

动作方法：

每日早、晚洗脸后用毛巾热敷面部 1~2 分钟，然后用手或辅助工具按摩面部 3~5 分钟。

颈椎

> **1. 悬垂和牵引练习**
> 　　利用自身的重量以及一些特殊的身体姿态做悬垂和牵引，对颈椎有良好的矫正作用。

动作方法：

俯卧或仰卧于床上，让脖子悬垂在床沿之外，在仰面或背面姿态下进行1~5分钟自体重量和引力对抗的悬垂拉伸，也可请家人帮助拉伸，但要注意对脖子的拉伸力度不要过大。

> **2. 颈部伸拉练习**
> 　　在做这类动作的时候，切记不要做360°的绕环以及快速和猛烈的左右摆动。许多人以听到"咔咔"的关节响声为舒服的标志，这是错误的。因为我们的颈部是一个环状关节，跟我们的椎间盘相似，如果长时间做这种猛烈的拉伸、摆动动作会让关节的稳定性越来越差，增加受伤风险。

动作方法：

以两拍一动的舒缓的节奏，逐步加大幅度，进行脖子前压、后仰、左转、右转、左倒、右倒的颈部伸拉练习。左倒和右倒时，可用坐姿把一侧的手臂坐于臀下，头部倒向另一侧，避免耸肩影响到动作的效果。另外，倒头方向的手还可将头部轻搬向侧面对颈部做拉伸。做前压头颈时，双手交叉叠抱于脑后，配合吸气加压做静力拉伸。做后仰头颈时，双手空握拳，支撑在额下，配合长呼气做静力拉伸。

3. 耐力训练

做抬头、埋头这样的耐力训练,可以增加颈部肌肉的韧性和耐力,若加以夹肘半支撑或平板支撑动作,对全身的肌肉耐力训练效果更好。

动作方法:

平趴于在地面或双手支撑于墙面,控制身体尽力做仰头、低头动作。

4. 飞鸟仿生练习

这个动作对颈部的疲劳有很好的缓解作用,但做动作时幅度不宜过大,速度不宜过快。

动作方法:

尽力仰头并且保持双臂平展并略低于肩线,掌心分别向下、向前、向后轻拍30~60秒,模仿飞鸟扇动翅膀的动作,直到颈部和颈部以下至斜方肌、大圆肌、小圆肌的部位有热、胀、酸的感觉。

Chapter 3
第三节

辅助训练：增强心肺促健康

除了以上提到的训练计划，我们在健身时还可辅以步行、慢跑以及高强度间歇训练等能促进心肺功能的训练项目，帮助我们稳定健身成果，增强心肺功能。

> 训练计划：
> 每周 3~5 天，每天进行 30~50 分钟的心肺功能训练（步行或者跑步），或者 1~3 分钟每组，持续 12~20 分钟的高强度间歇训练。

心肺功能训练

> **1. 步行**
>
> 　　正确的步行姿势是：抬头、挺胸、收腹，臂部缩拢，双脚平行，脚尖向前，双臂自然前后摆动，步幅适中，匀速行进。

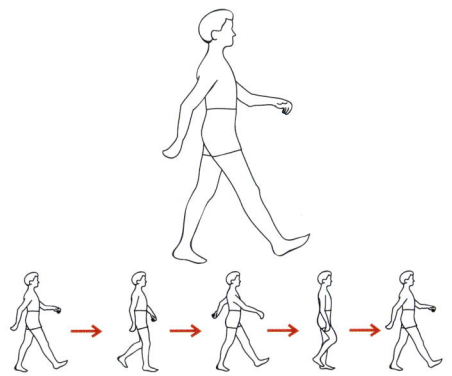

正确的走路姿态

步行是最健康的健身方式之一，它的好处有以下几个方面：

（1）步行能增强心脏功能，使心跳慢而有力。定时坚持步行，会消除心脏缺血症状，降低血压，缓解心慌、心悸。

（2）步行能增强血管弹性，减少血管破裂的可能性；能减少甘油三酯和胆固醇在动脉壁上的聚积；也能减少血糖转化成甘油三酯的机会，从而降低高血脂的风险。

（3）步行能增强肌肉力量，强健腿、足、筋骨。同时，步行是一种静中有动、动中有静的健身方式，可以缓解神经肌肉紧张。据专家测定，当烦躁、焦虑的情绪涌向心头时，以轻快的步伐散步15分钟左右，即可缓解紧张、稳定情绪。

（4）步行能使关节更加灵活，促进人体血液循环和新陈代谢。

（5）步行可以增强消化腺的分泌功能，促进胃肠有规律地蠕动，增加食欲，对于防治高血压、糖尿病、肥胖症、习惯性便秘等症状有良好的效果。

（6）步行时呼吸着户外的新鲜空气，大脑思维活动将变得清晰、灵活，可有效消除大脑疲劳，提高学习和工作效率。据有关专家测试，每周步行3次，每次1小时，坚持4个月者与不喜欢运动的人相比，反应更加敏锐，视觉与记忆力更占优势。

（7）步行能减少腹部脂肪的积聚，保持人体的完美形态。

（8）步行可以提高身体免疫力，减少疾病，延年益寿。

谢/老/师/小/提/示

高效走路方法

美国加州运动医学专家苏克·穆塞尔提供了一种走路方法——掀衬衫法：行进过程中，交叉双臂于腰前位置，然后慢慢上抬至下巴部位，就好像在脱套头衫一样；然后伸直双臂，到达顶点位置后缓慢放下手臂，让肩膀复位。这个动作可以拉伸脊柱，防止弯腰驼背。

另外，日本"杉并速走会"的医学博士横山正义认为，走路健身需从增加负重开始，这样热量的消耗会加倍。他建议大家握着哑铃走路，0.5~1千克的哑铃重量比较合适。开始的行进速度可以稍微放慢些，但姿势还是要正确，以不让肩膀感到有负担为佳。

2. 长跑

> 对于平时没有体育锻炼习惯的人来说，开始长跑时应循序渐进，如果运动量大大超出自己能承受的负荷，有可能造成其他运动伤害甚至猝死。另外，一定要做好充分的准备，确保路况良好后再开始长跑。轻度活动就有胸闷、头痛、头晕等不适症状者以及心脑血管疾病患者要先咨询医生的意见，得到许可才能进行长跑活动。

长跑是现代较为流行的健身方式，它的好处很多：

（1）长跑不仅能够强身健体，还能够增强心脏功能，让人远离心脏疾病。

（2）长跑时，人体内的血液循环加快，对体内的有害物质起到了清洁作用，从而使有害物质难以在体内停留和扩散。

（3）长跑不仅能健身，还能"健心"。除了长跑运动员，大多数长跑爱好者都不会过于重视比赛胜负，只求在轻松愉快的氛围中达到健身的目的，所以最能促进体内释放一种多肽物质——内啡肽，从而使人产生持续的快感和镇静作用。这对缓解现代社会快节奏生活引起的精神紧张十分有益，同时有助于培养人们克服困难的信心并磨炼顽强的意志。

现在很流行跑马拉松或者半程马拉松，我也提倡大家多做这种长距离慢跑运动，但是，越是长距离的跑步，坚持正确的跑步姿势越重要。如果跑步动作不规范，对身体造成的伤害会非常大。所以在跑马拉松时，我们的身体应该站直，不要往前倾或往后倒，也不要扭向一侧，具体如下：

（1）臀部和头部的姿势

当脚着地时，脚应该处于重心线的末端，也就是头、臀、脚三点呈一线。此时头部保持正直，目光看向正前方，转头的时候需要特别小心，通常应从脖子以上部分转动，避免身体的扭转，以免在行进时产生不稳定因素。

（2）手臂的姿势

跑步最重要的是手臂不要僵直，也不要紧握拳头或完全弯曲肘部。应保持放松，将手臂自然弯曲在腰线以上，不要太高或太低。两个手臂前后交替摆动，使腿部向反方向运动。短跑选手在跑道上奔跑时手臂是完全前后摆动的，很多长距离跑步者则略带弧度地摆动，但优秀的跑者不会把力气用在摆动胳膊上。换句话说，不要激烈地摆动手臂。

（3）膝盖

长距离跑步时膝盖不要抬得太高，只有上坡时或短跑时才需要抬高膝盖。

很多长距离跑步者最大的问题就是步长过大，这样做将导致很多伤害，包括足腱、髂胫束疼痛和髂腰肌疼痛。这种疼痛并不是来自膝盖，而是来自韧带，是从臀部外侧往下一直到胫骨的一条韧带。这条韧带在靠近膝盖的地方变窄，并在膝盖弯曲时摩擦胫骨靠近膝盖的最上端，长期的摩擦会导致发炎。40%的跑步者在坚持跑步5年或更多时间后会遭遇髂胫束综合征。

（4）呼吸

只需要保持深度的和有规律的呼吸。很多时候我们会自动调节呼吸，跑得快了，呼吸也就快了。大多数跑步者用口呼吸或口鼻同时呼吸，仅用鼻子呼吸是不可能吸入足够多的氧气的。

（5）上坡和下坡

在上坡时加快跑步速度不是个好主意，相反，应放慢速度。可以加快摆动手臂，想象有股力量在把自己往上推；身体略前倾，想象火车爬上山坡的情景，不断鼓励自己："我可以做到。"

下坡时也应谨慎，放慢速度。下坡时膝盖所承受的风险最大。四头肌在下坡起到制动的作用，如果重视不足将使它过度劳累。在比赛时，可以将身体略微前倾，冲上前去，但不要用在训练时。事实上，在有山丘的跑步训练中，很多人将步行下坡作为恢复，为下一个上坡做准备。这是个休息的好办法，同时可以避免下坡时对膝盖产生过多的压力。

谢/老/师/小/提/示

跑步者力量训练中的常见错误

错误1　做错误的练习

跑步者在力量训练中的最大的错误是直接做健美训练中那些诸如"屈膝两头起"之类的动作。对大多数跑步者来讲，标准的"屈膝两头起"作用不大，因为它并不能锻炼到深处的、为跑步提供稳定性支撑的核心肌肉。

纠正： 做那些能够训练到跑步者需要的肌肉的练习。试试"躯干上抬"或者"侧身躯干上抬"（详见本书p.32）这些能够强化腹斜肌（位于躯干的两侧）和腹横肌（像紧身内衣一样包裹着躯干）的方法。这些肌肉使身体的核心部分保持稳定，帮助身体转向、将无用动作减到最少，从而使跑步更有效率。

错误2　训练方法长期不变

即使你用正确的动作训练核心肌群，但只是长期练习某几个固定的动作，也可能降低训练的效果。

纠正： 混合训练。稍稍调整你的训练方法，让它更难一些。试试用单腿保持平衡，或者改变手臂的位置。在健身房，用诸如稳定球、平衡盘、不稳定的平台等健身道具让核心肌肉可以更有力地保持身体的平衡。

错误3　匆忙地完成力量训练

做动作时太急躁，仅做够了数量并没有达到要求的时间。

纠正： 放慢速度。诸如躯干上抬这样的动作，一个姿势需要保持10~60秒才能让肌肉得到持续的锻炼，即使在做那些需要多次重复的动作时，也要尽量平稳地完成，而不是快速地完成。

错误4　忽略练习看不见的肌群

跑步者的背部肌肉通常都比较弱，因此常常被忽视。

纠正：在每次核心力量的训练中，至少加入一种能够锻炼到下背部和臀部肌肉的动作。像"仰卧提臂"（p.39）和"超人"（见本书p.65）这样的动作，就能够练习到那些支撑、保护脊柱的肌肉。

错误5　忽视核心肌群

身体的核心肌群（位于腹部，环绕着身躯，负责保护脊椎稳定的肌群，主要由腹直肌、腹斜肌、下背肌和竖脊肌等组成）就像一个发电站，如果它不够强健，跑步时的发动力就会不足，就会产生许多无用的动作来降低效果，甚至导致伤病。核心肌群虚弱容易导致伤病的三个区域是下背部、腿后腱、膝盖。

纠正：

下背部：跑步跨出时椎骨承受了大部分冲力，如果核心肌肉不够结实，这个冲击会更猛烈，进而导致下背部疼痛。可以用"超人"这样的动作来强化下背部肌肉。

腿后腱：如果核心肌群不够稳健，腿后腱就需要承受额外的力量，它会让腿后腱更短、更紧、更容易受伤。强化腿后腱以及臀部肌肉，可以用"仰卧提臂"和"静力深蹲"等方法来训练。

膝盖：没有强健的核心肌群就很难控制躯干的动作，以至于每次脚着地时关节会承受额外的冲击力，这可能导致膝盖的疼痛、髌骨腱炎（膝盖里面的尖锐疼痛）以及髂胫带肌腱炎。"躯干上抬"以及"侧身躯干上抬"能够强化腹横肌，从而让身体核心更加稳定。

3. 中短跑

速度较快的中短跑也是一种很好的健身方式。但要注意的是，一定要确保跑步姿势的正确，否则不仅对身体无益，还对关节损害较大。这其中，脚的落地方式最为重要。跑步时脚掌的落地方式有两种：脚跟先着地和脚前掌先着地。我们先通过图示来看一下这两种方式的不同。

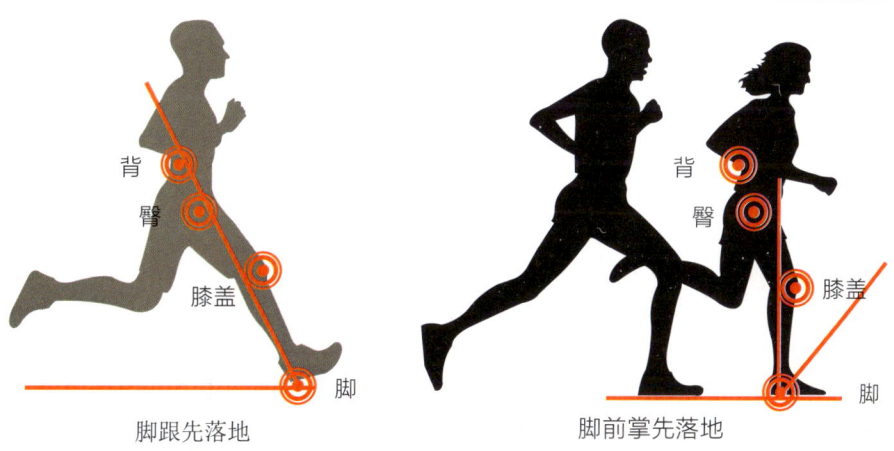

两种落地方式所形成的身体各部位受力图

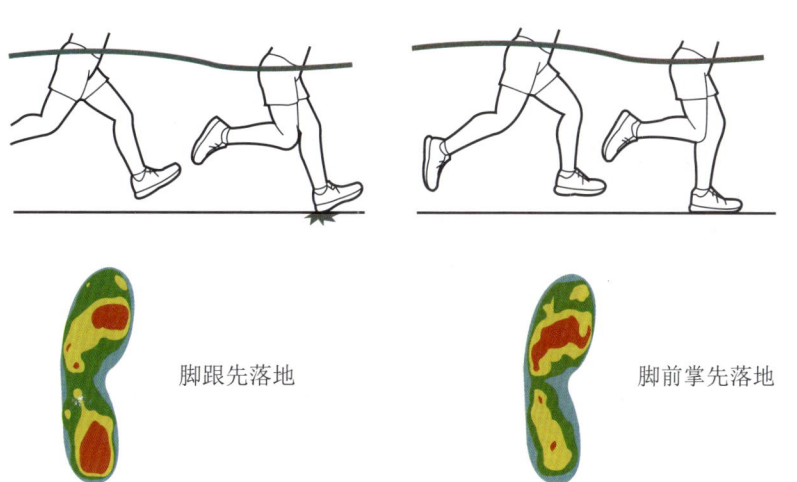

两种落地方式所形成的脚掌受力图

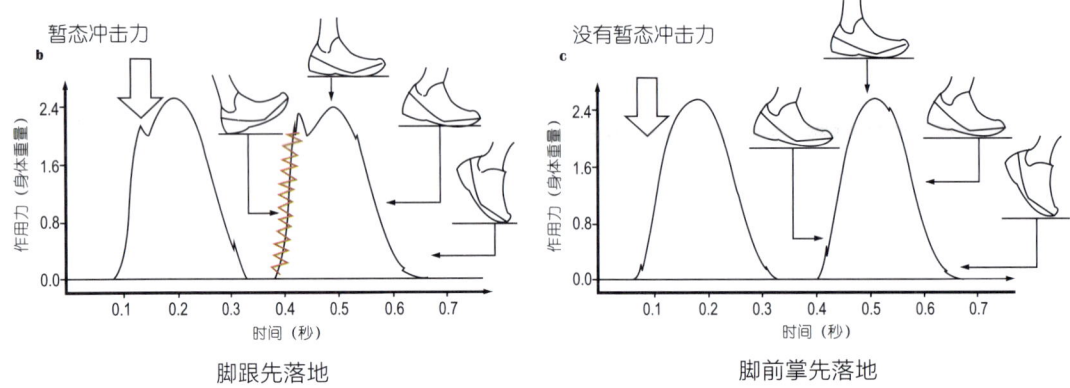

两种落地方式所形成的暂态冲击力图

从上面的图形分析我们可以知道：

	身体受力	脚掌受力	暂态冲击力
脚跟先落地	落地撞击脚踝、膝盖、髋关节、下背	1. 脚跟、前脚掌各冲击一次 2. 第一落点脚跟为点，不稳定 3. 不能够很好地利用掌中段外侧	一次尖峰冲击 + 一次圆弧冲击
脚前掌先落地	腿脚形成弹簧状，脚、小腿、大腿的肌肉、肌腱、骨头、关节能够消除落地的撞击	1. 前脚掌冲击一次 2. 第一落点掌外侧为面，稳定 3. 能充分利用掌中段外侧	一次圆弧冲击

有些人认为跑步时应该脚前掌先着地，也有人认为应该脚跟先着地，但这都太片面。如果是长跑者，建议先以脚中间部分接触地面。研究表明，一名好的长跑者通常是以足中着地的。慢跑者也以足中和脚跟先着地，**而快跑者的着地点比慢跑者靠前，只有短跑选手和中短跑选手适合以前脚掌着地。**以足中着地对初、中

级跑步者来说是个好的方式,可以减少震动,缓解对小腿肌肉和足腱的压力,同时为下一个迈步做好准备。

由于每个人的身体灵活性、力量素质和关节的灵活性差异较大,导致每个人的跑步姿势不可能完全相同,但在大的方向上,可以归纳出以下 8 个中短跑要点:

(1)保持身体躯干挺直,放松双肩和面部肌肉,双肩与面部肌肉的放松可以促进更多部位的放松,进而使整个身体保持流畅的运动。

(2)提高胸骨,使胸腔扩张,增加肺活量。

(3)以肩关节为轴做前后摆臂动作,摆臂时保持大、小臂之间的弯曲夹角为 90°;上肢就像一个钟摆,使手臂仅靠重力作用就可以做前后摆动,而不是用力地前后甩动,这样做可以避免不必要的身体运动,减少能量消耗。

(4)使手臂与腿部同步,两者保持同样的节奏,因为手臂的摆动既要保持身体平衡,又要产生动量帮助身体更好地向前运动。

(5)身体躯干略微前倾,使上肢始终保持在下肢的前面。

(6)盆骨略微向前旋转,当腿前摆并准备触地的时候,臀部的这些点略微向前运动。这种推动为身体前行提供了动力,而且几乎不浪费任何能量。

(7)让膝盖带动大腿前摆,脚落在体前 15 厘米处,处于臀部的下方,臀部处于躯干的下方,以便于维持身体重心的平衡。

(8)把重心平稳地从一只脚移动到另一只脚,在任何时候只有一只脚着地。如果双脚同时着地,那么在脚趾离地阶段身体向前运动的效率就会比较低。

虽然在整个跑步过程中始终想着跑步姿势是难以做到的,但是运动者在感到疲劳的时候,可以提醒自己注意跑步姿势,这样有利于更好地集中精力,减少跑步带来的伤害。

谢/老/师/小/提/示

保护膝盖很重要

膝关节是人类身体进化过程中发展最为薄弱的关节，但它连接的却是身体中最长的骨头、最强大的肌肉，其承受的压力可想而知。膝关节一旦受伤，要完全恢复绝不是一朝一夕的事情，因此，平时的保养工作十分重要。

为了保护好膝关节，让我们喜爱的跑步运动持续下去，跑步爱好者务必做好以下的日常保养工作：

1. 不要总是在硬地上奔跑。我们周围的环境水泥地面偏多，跑步时要注意软硬地面交替，尽可能选择软的地面以保护脆弱的膝关节。

2. 落地时注意缓冲，学会运用股四头肌，避免膝关节受到强烈冲击。

3. 下坡跑的时候要注意安全，此时膝关节最容易受到冲击。

4. 加强股四头肌、大腿内侧和外侧肌肉的力量训练，同时注意拉伸腿部肌肉，因为膝关节的稳定性离不开肌肉的保护。

5. 准备活动要充分，不要一上来就做大强度运动，膝关节也需要适应期。

6. 一旦发生膝关节疼痛，应立刻减少运动量，不要勉强，该停止就停止，而且要做好长期停止膝关节负重运动的准备。

7. 对于疯狂级别的跑步爱好者来说，膝关节一旦受伤，最好找到替换的运动形式。坚强的意志虽然可敬，若运用不当，反而伤害自己。

8. 跑步后如果感觉膝关节不舒服，可以用冰敷，最好用冰豌豆，因为冰豌豆不会联结，更方便与膝关节进行全方位接触。

9. 运动之后不要立刻久坐，膝关节也需要良好的血液循环。

10. 注意控制体重，不要暴饮暴食，体重暴增对膝关节来说负担很大。

11. 常备一些药物，如壮骨膏、布诺芬凝胶等，发现膝关节疼痛的时候要及时使用。

4. 高强度间歇训练（HIIT）

与有氧运动不同的是，HIIT 每次的运动时间仅 10~20 分钟，却能达到 160~190 次 / 分钟的最大心率。由于在高负荷运动后，人体的新陈代谢加快，并且代谢加快的时间也比一般有氧运动代的长，所以 HIIT 的减脂效果会比传统有氧运动好。HIIT 在较少的运动时间里就可以达到与低强度运动或长时间运动一致的能量消耗。

与持续性传统有氧运动相比，HIIT 对心脏功能的改善更为明显，这可能与 HIIT 的运动方式有关。在 HIIT 间歇期，运动器官能得到休息，而心血管系统的活动仍处于较高水平。加上 HIIT 运动时间短，高强度运动引起的内脏机能的变化，无论是在运动期还是在间歇休息期，均可使循环系统承受较大的负荷，从而使左心射血分数增加，有效地提高心肌供血能力。

比起传统性有氧运动，HIIT 在加强身体肺功能方面的作用更大。肺活量既可以反映肺部最大通气量，又可以反映出肺功能状态。HIIT 运动能促进呼吸和动作的协调配合，在运动中，能通过不断改变胸腹压使呼吸肌力量增加，肺组织弹性增加，使呼吸系统功能得到有效改善；此外，HIIT 有助于增加胸廓的顺应性，减少呼吸阻力，提高肺活量。

第三章

PART 3

身材定制怎么吃？

　　健身不仅仅与锻炼有关，与饮食也息息相关。控制饮食不运动和控制饮食狂运动都能瘦下来，但区别在于，运动的人形体更好看，而控制饮食的人瘦下来却是消瘦的。减肥也好，增肌也好，健康养生也好，50% 靠饮食，20% 靠运动，20% 靠睡眠，10% 靠基因。

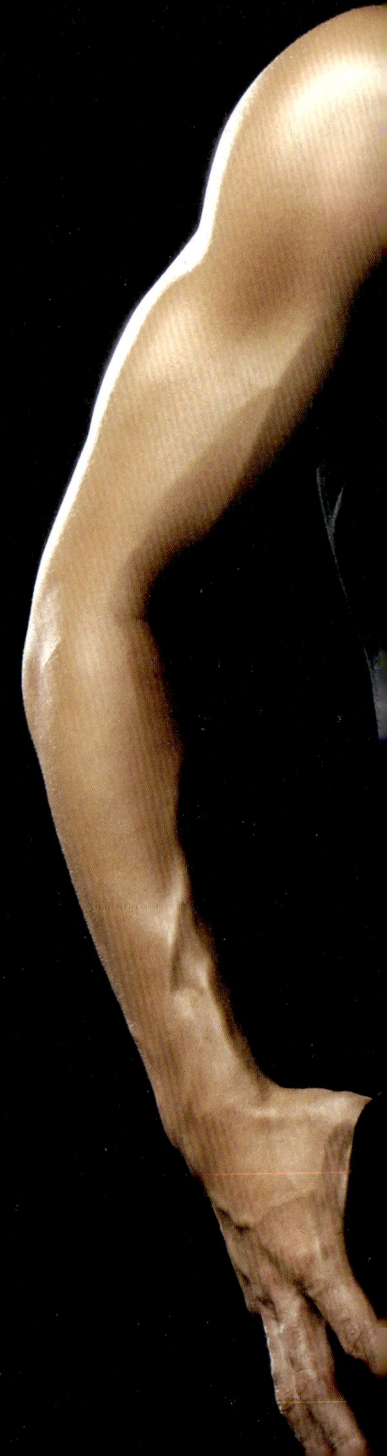

Chapter 1 第一节
艺术塑形饮食计划

根据不同的训练计划,我们罗列出了不同的饮食建议,您可以根据自身情况做细微调整,大致原则就是**少食多餐,适量控制精致碳水化合物摄入量,增加蛋白质摄入量。**

这里,我总结了运动饮食十大原则:

1. 为了维持生命而吃,而不是为了吃而活着;
2. 详细记录饮食内容;
3. 时间越晚,吃得越少;
4. 控制每餐的分量;
5. 只吃未加工的食物;
6. 效仿旧石器时代的饮食,吃瘦肉、鲜鱼、蔬菜、水果以及坚果;
7. 根据活动量决定碳水化合物的摄入量,做一小时以上的激烈运动或有氧运动后须吃适量的碳水化合物以迅速补充体力;
8. 改变饮食习惯时不要急躁,应循序渐进,改掉一个坏习惯之后再接着改下一个,通过量变而产生质变;
9. 适当补充水分,每天喝 2000 毫升水;
10. 不要事事苛求完美,适当减小心理压力。

窈窕计划饮食建议

1. 养成良好的饮食习惯

所有饮料、零食坚决不碰,必须把健康饮食变成日常习惯。

2. 餐前喝汤吃水果

午饭、晚饭前 40 分钟左右吃个水果(没有水果可以喝杯水),有条件的话这两餐前先喝一碗汤。汤多喝没关系,但一定在吃主食前喝汤,这样可以增加饱腹感并且提供充足营养。

3. 早餐吃三种食物

早餐可以这样搭配:豆浆或牛奶或酸奶一杯 + 鸡蛋一个或全麦面包一片 + 水果半个。切记,早餐共食用三种食物为好,以吃完不饿为宜。

4. 午餐七分饱

午餐一定要吃主食(但量要小,比如 50 克米饭或是一个小花卷),多菜少肉,油腻的东西尽量不吃。炒菜少放油、盐,鱼类可多吃但要吃清蒸或炖的而不是炸的。不吃烤肉和油炸肉,远离肯德基、麦当劳等快餐。

另外,细嚼慢咽很重要,因为咀嚼时间长,实际上摄取的能量会少很多,而且会有饱胀感。

5. 晚餐五分饱

晚餐时间在 17 点左右为宜,18 点前一定要吃完,最晚不能超过 19 点。同时,晚餐吃得要少,达到五分饱就可以了。建议晚餐不吃主食。不习惯的朋友可以循序渐进先少吃主食,再不吃主食,然后少吃菜,进而用水果代替。

另外,肉类一天吃 150 克足够,尽量将肉类放在早餐和午餐时食用。

性感计划饮食建议

总体来说,性感计划的饮食应符合少食多餐原则,以低碳水化合物、高蛋白为主,并在正餐间辅以水果、坚果、运动营养补剂作为加餐。

1. 早餐
燕麦粥 1 碗 + 黑色浆果和核桃。

2. 上午加餐
蛋白饮料 1 份 + 支链氨基 5 克。

3. 训练餐(午餐)
训练前小食:苹果和杏仁;

训练后小食:蛋白饮料 1 份 + 支链氨基酸 5 克;

训练 20 分钟后:鸡肉沙拉 1 份 + 糙米饭。

4. 下午加餐
蛋白饮料 1 份。

5. 晚餐
瘦肉(鱼肉、鸡肉或者瘦牛肉)1 份 + 蔬菜 1 份 + 无淀粉碳水化合物 1 份。

此外饮食中还应包括谷氨酰胺和 ω-3 鱼油。

紧致计划饮食建议

紧致训练计划需要严格执行少食多餐原则,每日5餐,时间平均分散在一天之中,最后一餐不要晚于19点,食谱如下:

1. 第一餐

蓝莓或其他水果1/3碗 + 煮鸡蛋4个(只吃蛋清) + 燕麦粥1/3~1/2碗 + 南瓜子1勺。

2. 第二餐

花生酱1勺 + 杂粮米饼1个 + 蛋白粉1勺。

3. 第三餐

鸡胸肉100克 + 糙米半碗 + 蔬菜3/4碗或蔬菜沙拉1小份。

4. 第四餐

花生酱1勺 + 杂粮米饼1个 + 蛋白粉1勺。

5. 第五餐

瘦肉(鸡、鱼、火鸡或者常见的红肉)100~130克 + 蔬菜3/4碗 + 红薯50克。

第三章
身材定制怎么吃?

Chapter 2
第二节

营养补充与改善计划

　　营养补充计划分为两个阶段，第一阶段（第 1~3 周）的任务是使身体进入燃脂状态，第二阶段（第 4~6 周）的任务是在第一阶段的基础上，进一步减少热量和碳水化合物的摄入量，同时促进体脂的进一步燃烧。

吃饭是个大问题

　　一个人的外表和一个人吃的东西有着密不可分的联系。如果饮食出了问题，很快就会反应在外观上，比如长痘或者脸色变差，甚至体重增加。长期不健康的饮食会导致肥胖或者营养不良。有的人越来越丑，很大一个原因就是和饮食结构有关。

　　现代人的饮食问题是吃得太好了，过多的营养摄入等于积累毒素。另外，太多加工食品及精致食品，或者使用了大量的农药和肥料催熟的商业化食品，不仅使植物本身所含的营养物质荡然无存，还会对食用者的身体造成危害。

　　那么，我们应该怎么吃？

　　只吃新鲜的肉、鱼、蔬果以及坚果，远离精致加工食品。卖力运动之后，必须吃点碳水化合物以补充能量，这时可以多吃些地瓜、糙米以及全谷类的洁净食物。另外，有机食品应成为首选，虽然有机栽培的食物售价比较高，但是它可以提供滋养身体的健康养分，是非常值得投资的。

　　有关饮食，一条普遍被认可的原则是：早上吃好，中午吃饱，晚上吃少。但现在的人却弄反了，变成"早上马虎，中午对付，晚上大吃大喝"，这就是百病之根。三餐中早饭是最重要的，一定要吃得有营养。

　　早餐食品种类低于两种就属于低质量早餐。现在20%的中国人不吃早餐，50%~60%的人不吃营养早餐，这样的缺失是午餐和晚餐补不回来的。

　　"少食多餐，合理搭配；晚上不熬夜，早上不睡懒觉"是合理饮食作息的原则。不吃早餐和缺乏睡眠都会大大降低基础代谢率，所以早餐不仅必须吃，而且还要吃得丰盛。而午餐吃到六七分饱即可，荤素搭配。晚上可不吃米饭，用地瓜或土豆代替主食，外加一些蔬菜，少放一点油。睡前实在饿的话，可以吃两根香蕉，喝点酸奶。请时刻铭记："当消耗的热量大于吸收的热量时，身上的脂肪便会慢慢减掉。"

减肥食谱别轻信

　　不要轻信网上流传的各式各样的减肥食谱。按照减肥食谱节食并不是实现减重不反弹的最佳方式。网络流行的减肥食谱通常会使我们快速减轻体重，并且坚决把某几类食物从日常饮食列表中划去。如果按照这类食谱进行节食，最初的那段时间可能会发现体重真的减少了，一旦停止，之前甩掉的肥肉很快就会跑回来。

网络流行的减肥食谱还可能存在健康风险，因为这些食谱可能无法提供身体所需的全部营养成分。而且，减重速度太快（减重开始几周之后，每周体重减轻超过1.4千克）可能会使减肥者患胆结石的风险上升。有些减肥食谱每天提供的热量甚至不足 800 千卡，这可能会造成心率异常，其后果可能是致命的。

通过采用健康的饮食搭配、适量进食、每天进行适量身体运动而达到每周体重减轻 0.2~0.9 千克的效果，才是减重并保持身体健康的最理想的方法。

另外，健康的饮食和运动习惯也能够降低患糖尿病、心脏病和高血压的风险。

碳水化合物增减有度

很多富含复合碳水化合物的食物都是低脂低热量的，比如面包、米饭、面食、谷类食品、豆类、水果和某些蔬菜（如土豆、甘薯）。但是大量食用这类食物，或者与黄油、酸奶油、蛋黄酱这类高脂肪佐餐酱料相伴而食的时候，这些食物也就变得高脂、高热量了。

富含复合碳水化合物的食物是人体重要的能量来源，应该保证它的合理摄入。健康的节食食谱应该包括大量水果、蔬菜、全谷物食品、脱脂或低脂牛奶，包括瘦肉、豆类、鸡蛋和坚果，并且保证低饱和脂肪酸、低反式脂肪酸、低胆固醇、低盐（低钠）、少糖。

循环增减碳水化合物的摄入量，不仅能帮助健身者更轻松地控制热量摄入，还能创造更有利于减脂的内分泌环境。唯一应该摄入简单碳水化合物的时间，就是训练后。 因为控制体脂水平的关键因素之一，就是控制体内的胰岛素水平。当摄入消化吸收速度较快的碳水化合物食品时，胰岛素水平大幅波动，能给身体提供长久稳定的能量供应。胰岛素分泌的增加，可以促进肌糖原储备恢复，并能促进肌肉蛋白质合成。除了训练后的其他时间，我们都应该选择那些消化吸收速度缓慢的碳水化合物食品，比如燕麦粥、红薯或者全麦面包等。

碳水化合物的摄入量控制应分为两个阶段：

第一阶段：碳水化合物的摄入量为每天、每千克体重 2.2~3.3 克。 比如，体重为 80 千克的人，每天应该摄入 180~270 克碳水化合物。在高强度训练日，每天、每千克体重可摄入 3.3 克碳水化合物；而在低强度训练日，则应该把碳水化合物摄入量降低为每天、每千克体重 2.2 克。

第二阶段：把碳水化合物摄入量降低为每天、每千克体重 1.1~2.2 克。 在高强度训练日，每天、每千克体重摄入 2.2 克碳水化合物；而在低强度训练日，则应该把碳水化合物摄入量降低为每天、每千克体重 1.1 克。这样可以在体内创造热量赤字，从而迫使身体使用体脂储备来提供能量。在低碳水化合物摄入日，一个体重 80 千克的人，应该把每天的碳水化合物摄入量控制在 90 克，并相应地把蛋白质摄入量增加到最高。而在高碳水化合物摄入日，可以把碳水化合物摄入量增加到 180 克。

延长饱腹感

当我们吃下碳水化合物时血糖会上升，但上升的速度会因碳水化合物的种类而有所不同。像全谷类、大多数的水果、蔬菜以及豆类等复合性碳水化合物，会使血糖上升缓慢，因为它们富含膳食纤维，能减慢消化的速度。

当食物被慢慢消化时，产生的能量也会慢慢释放，这样就能有持续稳定的能量供应，血糖值也不会瞬间升高。而精致加工过的碳水化合物，例如白米或是白面粉制成的食物，会使血糖快速且大量增加。这是因为在精致加工的过程中，去除了大部分的膳食纤维，只余下了容易消化的食物。

我们常说的升糖指数是指碳水化合物被分解成能够进入血液的葡萄糖的速率，食物越快被消化，其升糖指数就越高。如果吃了升糖指数极高的食物，很快就会觉得饿。而食用要花较多的时间才能消化的食物，即升糖指数较低的食物，饱腹感相应就延长了。一般而言，升糖指数在 40 以下的食物是适合健身者食用的。

吃升糖指数较低的碳水化合物，能够使身体获得稳定的能量供应，维持较长时间的饱腹感，并且能避免血糖的剧烈波动。

要重视食用蔬菜

吃得少不等于吃得对。简单来说,健身前期要计算卡路里,而中期要计算其他营养成分。换句话说,在健身前期应避免摄入过多碳水化合物,尤其是简单碳水化合物,只吃复杂碳水化合物。而到了中、后期,要针对自己的各种身体表现,配合维生素、钙、镁、铁、锌、鱼油、卵磷脂等的摄入。

要想增加肌肉,必须先增加饮食中的蔬菜摄入量。低卡路里的蔬菜,能够提供许多日常饮食中缺乏的营养成分,如纤维素、维生素、矿物质和植物化学成分。

事实上,大部分健美运动员都知道蔬菜在饮食中的重要地位,但是由于各种原因,他们中的许多人在实际应用中,蔬菜的食用量依然大大不足。首先,健美运动员只重视对蛋白质的摄入,以至于别的营养成分都被忽视了。一旦锻炼者按照要求每天、每千克体重摄入 2.2 克蛋白质,再加上足量的复杂碳水化合物,就很难再吃下别的东西了。其次,蔬菜烹调起来相对比较麻烦,使得锻炼者时常逃避它们,还自我安慰吃得已经足够了。

现在的最新结论是:**如果你想达到最佳的健康水平,并在锻炼中取得最大的进步,每天至少要吃两杯蔬菜(约等于两小碗)**。这有助于提高免疫系统功能,改善消化系统功能以及稳定体内的能量水平,所有这些好处都在身体的恢复和生长中扮演着重要的角色。

所有蔬菜几乎都富含纤维素,而纤维素是一种很难消化的碳水化合物,也是一种常被忽视的健美必需营养素。它不会给身体带来额外的能量,却对肌肉生长有着很大好处。它的作用体现在两个方面:首先,它能使碳水化合物以更慢的速度进入体内,将体内的血糖水平保持在一定程度。因为如果血糖水平不稳定,身体就会释放出大量的皮质激素,这是一种新陈代谢激素,不仅会分解肌肉,还会增加肌肉恢复的难度。其次,纤维素有助于氨基酸吸收,它能保持肠壁的清洁并提高其工作效率,同时有利于蛋白质的吸收。

每个参加高强度锻炼的健美运动员,都需要摄入大量的维生素和矿物质。然而遗憾的是,许多人相信,单纯依靠复合维生素和复合矿物质补剂,就能满足身体的需求。虽然这些补剂确实有一定作用,但是它们无法取代天然食物在整个饮食结构中的基础地位。蔬菜中所含有的复杂成分有助于维生素和矿物质的吸收，这些复杂成分还能促进肉类、谷类甚至运动补剂中的维生素和矿物质的吸收。健美营养并不只是靠几个简单的数字就能体现出来，也并不是简单的卡路里、碳水化合物、蛋白质和脂肪的叠加，好的营养计划不会仅仅把目光单纯地盯在主要营养成分上。在进一步提高肌肉恢复和生长状态时，一些次要的成分能够发挥意想不到的作用。

平时饮食中，我们可以把所有喜欢的蔬菜种类甚至一些了解不多的蔬菜种类，都添加到食谱中去，如：芦笋、椰菜、卷心菜、绿豆芽、蘑菇、洋葱、胡椒（各种颜色的）、菠菜和南瓜等。

如果要限制饮食，在减少卡路里的摄入量的同时还要吃下足够的食物，蔬菜便是一个很好的选择。在此期间，可以将蔬菜食用量提高到每天 6 杯。当卡路里摄入量大幅度减少的时候，重要的维生素和矿物质的摄入量很可能会受到影响，这时，低脂的蔬菜能解燃眉之急。它们能增加饱腹感，防止锻炼者控制不住饥饿感去吃那些不该吃的食物。

某些蔬菜，如椰菜和卷心菜，由于含有植物素成分，能发挥抗雌激素作用。这对健美运动员非常有用，因为低的雌激素水平有助于减少身体脂肪和水分潴留，提高睾酮水平。因此在日常锻炼时，要有规律地食用蔬菜，当过度锻炼或者感到疲劳时，应相应加大蔬菜摄入量。

另外，如果锻炼计划还没有达到预期的效果，就应该考虑一下调整饮食结构，多吃蔬菜是常用的调整方法之一。蔬菜对健美的作用也许没有蛋白质和碳水化合物那么显著，但是却能起到一些辅助的作用。

第三章
身材定制怎么吃？

一次只改变一件小事

忽然改变一个人的饮食习惯必然是痛苦的，所以，不用对自己那么狠，幻想一夜之间变得身材健美，也不要在自责和抱怨中堆积负面情绪，一定要提醒自己：改变的整个过程应该是循序渐进的，急于求成只会让自己失败。

我建议将饮食计划的周期设置为一个月，最初的一周是最难熬的，要改变自己原先不那么健康的饮食习惯，必须付出一些代价。

开始改变时，我们可以先检视一下自己的饮食日志，从中选择一件想要改变的事情。例如从每天喝4杯啤酒改成喝1杯，或是改掉吃甜食的习惯。建议大家先从改变一件事做起，选定一个目标后达成，然后再选定第二个目标，并且努力达成。例如每餐至少要吃一样青菜，接着决定再也不吃白面粉制的食品，只要先从一些小事情开始，就会慢慢累积成果，日积月累就完全将饮食习惯调整过来了。

一旦熬过了第一周，身体就不会再想念那些甜的、咸的以及油腻的垃圾食物了。这时身体已经变得习惯了新的饮食计划，并且开始享受对自我管理成功的成就感。事实上，感觉有点饿的状态对身体是有益的，因为这样能够使身体专心投入运动和工作，而吃太饱只会让身体感到疲倦。

经常在外吃饭的人比较难控制食物的摄入，需要多花点工夫认真寻找方法。

九成就够了

上述的健康饮食原则能够为健身运动加分，让身体变得更灵活、更强壮而且无病痛。饮食方式的改变对于某些人而言或许太过严格，但是对于另外一些人可能只是对已经在做的事情略作一些调整。没有人是完美的，每个人都需要付出时间和精力才能改变自身的缺陷。不过我们不必过分苛责自己，在孩子的生日派对上吃点生日蛋糕，跟朋友一起看足球转播时来块比萨，或是来一块妈妈做的美味炸鸡，这些都无妨。总之，我们希望大家能够吃有益于身体健康的纯净食品，而不是让自己变得像食物侦察队队员一样锱铢必较。虽然有些养生饮食计划规定每周放开一天来满足口腹之欲，但这里不推荐这样的做法。这样可能因在一天内吃了太多不健康的食品而无法戒掉饮食的欲望和对垃圾食品的偏好。**我建议采用"九成就够了"的原则，摄取足够多身体所需的营养就可以了。**

在健康饮食满一个月后，以往迷恋不已的加工食品就会渐渐失去魅力，吃起来也不会像以前那么美味了，这是因为身体已经习惯了清淡质朴的口味，习惯了摄入不含人工添加剂、反式脂肪、玉米糖浆以及过多盐分的安全食物。

体验券推荐使用门店：

青岛香港路馆（带泳池）
青岛市香港东路 67 号
0532-88010199 88010299 88010261

青岛福州路馆
青岛市福州南路 26 号
0532-85781388 85782588

济南全民馆
济南市历下区经十路 19166 号 2F
0531-66599118

青岛东海路馆（带泳池）
青岛市海口路 12 号
0532-88900990

青岛金茂湾馆
青岛市四川路 25 号
0532-66027268 66027269

济南绿地馆
济南市市中区共青团路绿地中心 2 号楼 4 楼
0531-86029119

青岛金狮馆
青岛市香港东路 195 号金狮广场 4 楼
80991626（前台） 55716299（会籍）

成都西体馆（带泳池）
成都市金牛区西体路 2 号体育中心
028-87789311

济南东环国际馆
济南市历城区二环东路 3966 号东环国际 1-201
0531-69959831

青岛同德路馆
青岛市黑龙江南路 77 号居然之家 B 馆五楼
0532-80916197

成都青羊馆
成都市青羊区日月大道一段 978 号万达广场 3F
028-61318200

重庆文化宫馆（带泳池）
重庆市渝中区中山二路 174 号文化宫
023-86669388 86665096

青岛蔚蓝群岛馆
青岛市双元路 18 号卓越蔚蓝群岛三期
0532-85781388 85782588

成都武侯吾悦馆（带泳池）
南京成都市武侯区武侯大道顺江段 77 号吾悦广场
2 栋 5F-A 028-87789311

南京龙江馆（带泳池）
南京市鼓楼区龙园西路 58 号龙江网球馆 3 楼
025-86215552 86215553

南京新街口馆
南京市玄武区中山东路 145 号全民健身中心 4 楼
025-84653336 84653338

遂宁万达馆
遂宁市船山区香林南路 300 号万达广场 3F
0825-2922338

南京月苑路馆
南京市玄武区月苑南路 3 号 5 楼
025-52432543

……

到店出示本书，凭此券获得（提前撕下无效）
教练体测、咨询 + 个人入场训练 1 次
价值 200 元

仅限单店，不可重复使用。
活动有效期：详情咨询相关门店。
活动解释权归"英派斯健身"俱乐部